El impacto de la traducción automática en la traducción profesional en España: tendencias, retos y aspectos socioprofesionales. El proyecto DITAPE

STUDIEN ZUR ROMANISCHEN SPRACHWISSENSCHAFT UND INTERKULTURELLEN KOMMUNIKATION

Herausgegeben von
Gerd Wotjak, José Juan Batista Rodríguez und Dolores García-Padrón

BAND 201

PETER LANG

Berlin - Bruxelles - Chennai - Lausanne - New York - Oxford

Diana González Pastor (ed.)

El impacto de la traducción automática en la traducción profesional en España: tendencias, retos y aspectos socioprofesionales. El proyecto DITAPE

PETER LANG

Berlin - Bruxelles - Chennai - Lausanne - New York - Oxford

Bibliografische Information der Deutschen Nationalbibliothek
Die Deutsche Nationalbibliothek verzeichnet diese Publikation in der Deutschen Nationalbibliografie; detaillierte bibliografische Daten sind im Internet über http://dnb.d-nb.de abrufbar.

Proyecto DITAPE (GV/2021/080), financiado por la Conselleria de Educación, Universidades y Empleo de la Generalitat Valenciana

ISSN 1436-1914
ISBN 978-3-631-88434-8 (Print)
E-ISBN 978-3-631-88435-5 (E-PDF)
E-ISBN 978-3-631-88436-2 (EPUB)
DOI 10.3726/b19935

Peter Lang GmbH, Berlin, Deutschland

info@peterlang.com - www.peterlang.com

Esta publicación ha sido revisada por pares.

Índice

Índice

Prólogo

Este volumen tiene como objetivo la difusión del trabajo investigador realizado en el marco del proyecto de investigación DITAPE, Docencia e Investigación en Traducción Automática y Posedición (GV/2021/080), financiado por la Conselleria de Educación, Universidades y Empleo de la Generalitat Valenciana en el marco del programa de I+D+i para grupos emergentes y llevado a cabo durante los años 2021 y 2022.

El desarrollo vertiginoso de la tecnología y los grandes avances en inteligencia artificial constituyen, sin lugar a dudas, uno de los fenómenos de mayor envergadura de la edad contemporánea. Tanto es así que, hoy en día, es posible afirmar que estamos presenciando a una auténtica revolución en numerosos ámbitos socioprofesionales a escala global. Dicha revolución también ha tenido amplias repercusiones en las industrias de la lengua, que se hallan en un momento de gran transformación hacia nuevos modelos de gestión y producción caracterizados por la estandarización de procesos y la automatización. En este contexto, el uso de la traducción automática tiene un impacto directo en múltiples aspectos que condicionan el sector, como el proceso traductor, la productividad de empresas y profesionales de la traducción, la consideración social de la que gozan o las tarifas y la remuneración que perciben. El proyecto DITAPE ha indagado acerca de las cuestiones que se ven afectadas por el uso de las tecnologías de la traducción y la traducción automática en tres grupos implicados: las empresas proveedoras de servicios lingüísticos, los profesionales autónomos y los docentes de traducción en España. El objetivo principal es realizar una radiografía del mercado profesional de la traducción que permita, posteriormente, diseñar planes de estudios académicos que estén actualizados y sean coherentes con la realidad socioprofesional.

La obra que presentamos se centra en la industria y sus dos poblaciones principales: empresas y autónomos (la población docente y la cuestión de la docencia de las tecnologías de la traducción y la traducción automática recibirán atención por separado en otras publicaciones). Recoge los trabajos de los 7 integrantes del equipo investigador del proyecto, todos ellos docentes e investigadores de diferentes universidades de la Comunidad

Valenciana: la Universitat de València, la Universitat d'Alacant y la Universitat Jaume I.

El primer capítulo, firmado por la editora de esta monografía colectiva, lleva por título *El Proyecto DITAPE: Docencia e Investigación en Traducción Automática y Posedición* y ofrece una descripción panorámica del proyecto que permite contextualizar las siguientes contribuciones dentro del ámbito de investigación que nos ocupa, esto es, la traducción automática y su uso en el ámbito profesional. Además de realizar una revisión de los antecedentes, esta contribución establece las motivaciones y los objetivos principales del proyecto, al tiempo que ofrece la información sobre la metodología utilizada, los principales resultados y las actividades acometidas durante su desarrollo.

El segundo capítulo se adentra en la cuestión principal que atañe a la obra: la traducción automática. Su autor, el Dr. Andrea Artusi, firma esta contribución titulada *Panorama de la traducción automática: situación del mercado, sistemas y evaluación*. En ella se ofrece un estado de la cuestión de la traducción automática y se exponen los hallazgos más recientes sobre la situación del mercado profesional actual. Del mismo modo, se exponen las principales claves del desarrollo de la traducción automática, y se da cuenta de los distintos sistemas de traducción automática que se han ido desarrollando a lo largo de las últimas décadas, así como de los procesos de evaluación de la traducción automática.

La Dra. Lucía Navarro Brotons sigue la línea del segundo capítulo y se adentra en la cuestión de la posedición. En esta contribución, titulada *Estado de la posedición: características fundamentales y situación del mercado en España*, se examina el concepto y los distintos tipos de posedición. Así, en ella se hace hincapié en el proceso de posedición y las similitudes y divergencias que se pueden observar entre esta tarea y la revisión humana, toda vez que se revisan los estudios anteriores acerca de las percepciones de los agentes de la industria hacia el modelo de traducción automática acompañado de posedición.

Los capítulos cuarto y quinto, de corte metodológico, están firmados por la Dra. Beatriz Cerezo Merchán y el Dr. Robert Martínez-Carrasco, y se titulan *Entre la irrupción y la disrupción. Percepciones sobre el impacto de la traducción automática en el sector de la traducción profesional* y *El sector de la traducción en España ante la traducción automática: un análisis cuantitativo de las percepciones de traductores autónomos y agencias de traducción*, respectivamente. En ellos los investigadores ofrecen los resultados del estudio de campo realizado por el equipo DITAPE para conocer el impacto y la percepción del uso de las tecnologías de la traducción y de la traducción automática y la posedición en el sector profesional de la traducción en España, concretamente en las poblaciones de las empresas de traducción y los traductores autónomos. En estas páginas se abordan aspectos de gran relevancia para el mercado profesional, que van desde la organización del sector y la presencia de la tecnología hasta la formación de los profesionales de la industria en traducción automática y la posedición, pasando por las percepciones y actitudes hacia la tecnología por parte de los agentes involucrados.

El capítulo 6, titulado *Aspectos éticos y profesionales del uso de la traducción automática*, lleva la firma de la Dra. Analía Cuadrado Rey. Esta contribución aborda la cuestión de la ética en relación con las tecnologías de la traducción y la traducción automática, que tanto debate está suscitando debido a la responsabilidad del traductor ante este nuevo escenario. Para ello se examinan los códigos deontológicos de las principales asociaciones de traductores e intérpretes profesionales de España y se confrontan con la percepción de los dilemas éticos por parte de los agentes del sector. De acuerdo con la autora, se hace necesaria una reconfiguración de una ética profesional que incorpore los nuevos elementos surgidos del uso de la inteligencia artificial al código deontológico de la profesión.

Esta obra cierra con la contribución de la Dra. Belén Lozano Sañudo, titulada *Retos y futuro de la traducción automática*. En este último capítulo se pone la mirada en el futuro del sector, para identificar los retos a los que empresas y traductores han de enfrentarse en su quehacer diario ante la irrupción de la inteligencia artificial. Asimismo, se ahonda en los beneficios que la tecnología puede brindar y se reflexiona sobre cómo contener la abrumadora presencia de la tecnología a través de una cooperación continua entre el humano y la máquina. Del mismo modo, se abordan otros aspectos relacionados con la aparición de nuevos perfiles profesionales surgidos en este contexto de hiperdesarrollo tecnológico.

En suma, las contribuciones que conforman esta obra ofrecen una perspectiva actualizada y realista de la situación del sector profesional de la traducción en España en relación con el uso de las tecnologías de la traducción y de la traducción automática, pues abordan cuestiones novedosas de gran calado para el sector que inevitablemente tendrán repercusiones en la formación de los futuros profesionales de la traducción. En definitiva, se ofrecen claves importantes que responden al interés multifacético que la traducción automática suscita hoy entre profesionales, docentes, e investigadores del ámbito de la traducción.

Diana González Pastor (editora)

Bionota de los autores

Diana González Pastor es licenciada en Traducción e Interpretación por la Universitat Pompeu Fabra y Doctora en Traducción e Interpretación por la Universitat Politècnica de València. Ha cursado un Máster Internacional en Comercio Internacional y Empresa (ESCI-UPF) y ha trabajado como traductora autónoma. En la actualidad es profesora permanente laboral en el Departamento de Filología Inglesa y Alemana de la Universitat de València (España) y miembro del Instituto de Lenguas Modernas Aplicadas de la Comunitat Valenciana (IULMA). Ha coordinado el proyecto de innovación educativa POSEDITrad en la Universitat de València (2019-2020), así como el proyecto DITAPE (GV/2021/080), financiado por el Gobierno Valenciano (2021-2022). Asimismo, es codirectora de la colección científica Monografías IULMA. Sus principales intereses investigadores se sitúan en el ámbito de la traducción del turismo y su dimensión cultural y las tecnologías de la traducción. Es miembro del grupo de investigación CiTrans (Comunicación Intercultural y Traducción).

Andrea Artusi es Profesor Ayudante Doctor en el Departamento de Filología Francesa e Italiana de la Universitat de València. Es Licenciado en Traducción e Interpretación y Doctor en Traducción por la Universitat de València. Sus principales líneas de investigación son la lingüística contrastiva, la lexicografía y la traducción literaria. Ha sido miembro de proyectos de investigación e innovación docente en traducción automática, lexicografía y didáctica de la traducción. Sus trabajos más recientes se centran en la traducción de los phrasal verbs en varias combinaciones lingüísticas. Forma parte del grupo de investigación CiTrans (Comunicación Intercultural y Traducción).

Lucía Navarro Brotons es Profesora Titular de Universidad, doctora en Traducción e Interpretación por la Universidad de Alicante con Mención Internacional y Premio Extraordinario de Doctorado. También es doctora en Ciencias del Lenguaje por la Universidad Paris 13, Licenciada en Traducción e Interpretación y Magíster en Traducción Literaria (Universidad de Alicante). Fue lectora de español en la Universidad Paris 13 durante los cursos académicos 2008-09 y 2009-10 donde, además, investigaba activamente en el LDI (Laboratorio Diccionarios Informática). Ha ocupado el cargo de Secretaria Académica Interina y Coordinadora de Máster en la Universidad de Alicante. Actualmente imparte clases en el Grado en Traducción e Interpretación y en el Máster Oficial en Traducción Institucional del que es coordinadora académica desde 2016 en esta misma universidad. Sus líneas de investigación se centran en la traducción de la fraseología, la accesibilidad y la didáctica de la traducción.

Beatriz Cerezo Merchán es licenciada en Traducción e Interpretación por la Universidad de Granada y doctora Internacional en Traducción por la Universitat Jaume I, con una tesis dedicada a la didáctica de la traducción audiovisual en España. Es traductora jurada de inglés por el MAEC y ha desempeñado tareas de traducción en los campos de la traducción jurada y la traducción audiovisual, principalmente. Actualmente es profesora permanente laboral en el Departamento de Filología Inglesa y Alemana de la Universitat de València, donde imparte clases de traducción y lengua inglesa. Forma parte del grupo de investigación CiTrans (Comunicación Intercultural y Traducción) y colabora con el grupo TRAMA (Traducción y Comunicación en los Medios Audiovisuales, UJI). Sus principales áreas de investigación son la traducción audiovisual, la accesibilidad y la didáctica de la traducción.

Robert Martínez-Carrasco es doctor en Lenguas Aplicadas, Literatura y Traducción por la Universitat Jaume I (España), máster en Traducción Jurídica por la City University (Reino Unido) y licenciado en Traducción e Interpretación por la Universitat Jaume I (España), donde imparte docencia de traducción inversa y lengua inglesa como profesor contratado doctor. Colabora, además, en programas de máster de la Universitat Oberta de Catalunya y la Universidad Rey Juan Carlos (España). Sus líneas de investigación buscan la intersección entre la didáctica de la traducción, la profesionalización del perfil de egreso en los grados de TeI y los estudios *queer*.

Analía Cuadrado Rey es Licenciada en Filología Alemana, Especialista universitaria en didáctica del alemán como lengua extranjera, postgraduada en Traducción Institucional, así como doctora en Traducción e Interpretación con Mención Internacional y premio extraordinario de doctorado por la Universidad de Alicante. Actualmente es profesora contratada doctora en el Departamento de Traducción e Interpretación de la Universidad de Alicante e imparte docencia en el Grado de Traducción e

Interpretación, así como en el Máster en Traducción Institucional. Es integrante del grupo de investigación FRASYTRAM de la misma universidad. Sus publicaciones más recientes se centran en la enseñanza de la fraseología en los estudios de traducción, la fraseología diatópica y la traducción automática.

Belén Lozano Sañudo obtuvo el título de Licenciada en Traducción e Interpretación en la Universidad de Alicante en junio de 1999. Entre septiembre de 2004 y enero de 2020 compaginó su trabajo de profesora asociada de alemán y traducción en la facultad de filosofía y letras de la Universidad de Alicante con el ejercicio profesional de traductora e intérprete autónoma. En julio de 2019 obtuvo el título de Doctora en la anteriormente mencionada universidad. Desde febrero de 2021 es Profesora Ayudante Doctora en el Departamento de Filología Inglesa y Alemana de la Universidad de Valencia. Es miembro de ISIC-IVITRA y el Instituto de Lenguas Modernas Aplicadas (IULMA) de Valencia. Sus líneas de investigación son la traducción automática, la traducción de la literatura infantil y juvenil inglesa y alemana al castellano y catalán estudiada desde le perspectiva de los polisistemas, la traducción jurídica y la docencia de la traducción.

Listado de siglas y acrónimos

AEM	Automatic Evaluation Metric
BLEU	Bilingual Evaluation Understudy
DQF	Dynamic Quality Framework
DITAPE	Docencia e Investigación en Traducción Automática y Posedición
FPE	Full Post-editing
IA	Inteligencia artificial
LO	Lengua original
LM	Lengua meta
LPE	Light Post-editing
METEOR	Metric for Evaluation of Translation with Explicit Ordering
MQM	Multidimensional Quality Metrics
MT	Memorias de traducción
OT	Online translators
PE	Posedición
PEC	Posedición completa
PEI	Posedición intermedia
PEL	Posedición ligera
PER	Posedición rápida
RRN	Redes neuronales recurrentes
SAE	Society of Automotive Engineers
SL	Servicios lingüísticos
TA	Traducción automática
TAE	Traducción automática estadística
TAN	Traducción automática neuronal
TAO	Traducción asistida por ordenador
TAUS	Translation Automation User Society
TeI	Traducción e Interpretación
TER	Translation Edit Rate
TH	Traducción humana
TM	Texto meta
TO	Texto original

Diana González-Pastor

Universitat de València

El Proyecto DITAPE: docencia e investigación en traducción automática y posedición

Resumen: Las tecnologías de la traducción están cobrando un protagonismo cada vez mayor en el proceso traductor y modificando el modo en que traductores y empresas ofrecen sus servicios en un sector muy maduro y competitivo. La evolución de la tecnología y de la inteligencia artificial han hecho posible la adopción de sistemas de traducción automática y tareas adyacentes como la posedición. Este artículo describe el proyecto de investigación DITAPE, Docencia e Investigación en Traducción Automática y Posedición, cuyo objetivo principal consiste en radiografiar el sector de la traducción en España a través de una metodología mixta para conocer la percepción del uso de la tecnología por parte de los agentes del sector, así como los docentes de traducción. El fin último es realizar propuestas docentes, a la luz de los resultados obtenidos, que resulten válidas para la implementación docente de nueva tecnología y que permitan la óptima empleabilidad de los egresados de los grados de Traducción e Interpretación.

Abstract: Translation technologies are becoming more and more critical in the translation process, while they modify the way translators and LSP offer their services in a very mature and competitive sector. The advancement of technology and artificial intelligence have brought the use of machine translation system and related translation activities such as postediting. This article describes the research project DITAPE, Teaching and Research on Machine Translation and Postediting. Using a mixed-method study, the research aims at mapping the translation sector in Spain by identifying the perceptions towards and use made of translation technology by companies, freelance translators and translation trainers. The ultimate goal is to create valid teaching proposals based on the results obtained, so that new technology can be introduced in the teaching classroom helping translation students to increase their employability.

Palabras clave: Proyecto DITAPE, traducción automática, posedición, didáctica de la traducción

Keywords: DITAPE Project, machine translation, post-editing, translation didactics

1 El Proyecto DITAPE

En una sociedad cada vez más globalizada e interconectada, el mercado mundial de los servicios lingüísticos (SL) y de la traducción ha experimentado un aumento imparable durante los últimos años (DePalma et al., 2016; Drugan, 2013; ELIS, 2022). Así, durante la última década, el mercado duplicó su volumen de negocio hasta llegar a los 67 200 millones de dólares en 2022 (IMARC, 2022). Si bien el mercado experimentó un cierto retroceso debido a la pandemia del COVID-19, esta tendencia al alza seguirá su curso en los años venideros. Debido este crecimiento vertiginoso, la industria de la traducción actual ha de dar respuesta a grandes volúmenes de traducción que requieren las empresas con presencia en distintos mercados o sedes distribuidas en varios países, con costes inasumibles en muchos casos (TAUS, 2017). Para responder a esta necesidad, a finales de los años 40 nació la traducción automática (TA), que supuso una revolución para las industrias de la lengua y el mercado de la traducción e interpretación (TeI), y cuya evolución ha sido exponencial desde entonces (Bawa-Mason, 2018). Su completa adopción por parte de estas industrias se debe no solo al aumento progresivo de la calidad del texto salido de los motores de TA, sino también al cambio de perspectiva en el concepto de calidad de la traducción (Lommel et al., 2016). La posedición (PE) es una nueva tarea que consiste en la corrección del texto generado por una máquina (Allen, 2003) para que cumpla con el nivel de calidad exigido y puede aplicarse en distintos grados en función del uso final que se le vaya a dar al texto traducido (Aranberri, 2014). Es precisamente esa flexibilidad la que dota a la TA de capacidad de adaptación a las diferentes exigencias del mercado. De hecho, una gran cantidad de herramientas de traducción asistida (TAO) integra ya en su sistema motores de traducción automática neuronal (TAN) y herramientas auxiliares de PE, y en el futuro estos motores formarán parte fundamental de los entornos y sistemas TAO. La automatización como un proceso más en el flujo de trabajo de las empresas del sector de la traducción es un hecho constatado y su presencia en el mercado es general (de Palma et al. 2016; Koponen, 2016; Way, 2018). Hoy por hoy, la TA es una herramienta de uso casi generalizado para la distribución de contenidos de las empresas (e-mails, chats, blogs, reseñas, fórums de usuarios, etc.). También se usa de modo general para la difusión de contenido divulgativo y conocimiento en la red. Un ejemplo de la importancia que ha adquirido la TA "es el volumen de palabras generado por la industria de la TA, que asciende a más de 100 billones de palabras diarias" (Casacuberta y Peris, 2017, p. 67).

El proyecto DITAPE[1] que presentamos en este artículo surge como respuesta al impacto que la globalización y la mecanización de los procesos están generando en la profesión del traductor (Leiva Rojo, 2018). El desarrollo de la IA y la estandarización de procesos ha alcanzado de lleno a los traductores (Pym y Torres-Simón, 2021): la progresión tecnológica y popularización de la TA han impactado no solo en el quehacer diario y las actividades profesionales del traductor, sino también en las condiciones laborales de los traductores y en su consideración social, que han cambiado notablemente (do Carmo, 2020; Firat, 2021; Vasilescu, 2014). Podemos afirmar que, con el paso de los años, los traductores profesionales autónomos han ido experimentando una progresiva precarización en su actividad profesional (ELIS, 2022).

Debido a estos motivos, estos profesionales de la traducción trabajan en otros ámbitos para poder diversificar sus actividades y poder completar sus ingresos, situación que se ha visto agravada por la pandemia del COVID-19. Por otro lado, la misma denominación de "traductor" o "traductora" está poniéndose en cuestión para dar paso a nuevas etiquetas como "poseditor/a" o "localizador/a de textos" (Pym, 2013) debido a los importantes cambios experimentados durante el proceso traductor (Doherty, 2016). Estas nuevas denominaciones reflejan los nuevos perfiles de traducción que demanda la sociedad (Ginovart Cid et al, 2020; Rico y Torrejón, 2012). La PE es una actividad en alza, por lo que resulta conveniente abordar cuál debe ser el papel que debe jugar el traductor en el desarrollo de la TA, cómo debe ser la formación que se realice en PE, qué modelos de precios serían razonables y adecuados para empresas y profesionales, así como la

1 El proyecto DITAPE está financiado por la Consellería de Educación, Universidades y Empleo de la Generalitat Valenciana (GV/2021/080) dentro del Programa de I+D+i para Grupos Emergentes.

dimensión emocional y los aspectos psicosociales que afectan al traductor. En el futuro, se prevé que todos estos cambios permanezcan e incluso se acentúen, en busca de una constante mejora de la productividad (Moorkens, 2017). A la luz del desarrollo vertiginoso experimentado por la TA, es necesario ahondar en las perspectivas de futuro que se presentan para la industria de la traducción y la dicotomía cada vez mayor entre las tareas y funciones desempeñadas por la persona y por la máquina (Kenny, 2022), de la misma manera que es necesario plantearse cómo trasladar todas estas cuestiones a la didáctica de la traducción.

2 Antecedentes

La investigación en TA, si bien es relativamente reciente, se ha ido segmentando en las diversas áreas de especialidad que la componen y los agentes relacionados con la misma. Por un lado, se ha puesto el interés en el desarrollo y perfeccionamiento de los mismos sistemas de TA, sobre todo la TAN, la validación de herramientas para la evaluación de la calidad de la TA y la medición del esfuerzo de posedición de los textos generados por los sistemas de TA (Sánchez Ramos y Rico, 2020). En los últimos años, la investigación está tomando una nueva dirección, para conocer qué uso realizan de la TA los agentes implicados en el mercado de la traducción. En primer lugar, se han identificado cuáles son las herramientas disponibles para las empresas y los traductores, el uso que de ellas se realiza y su nivel de eficacia, así como la percepción y los retos y condicionantes que presentan en el ámbito profesional (Guerberof, 2012; O'Hagan, 2016; Sakamoto, 2019; Specia y Torres, 2012; Toudic, 2011). Por otro lado, ha resultado primordial conocer cuáles son las percepciones y actitudes hacia la TA tanto del alumnado (Gaspari et al., 2015; González Pastor, 2021; Witczak, 2016) como del profesorado (Orlando, 2019; Rico y González, 2022), así como el uso real que estos realizan de la TA (Díaz Fouces, 2019). Por otro, desde la misma universidad y la comunidad investigadora, surge la necesidad de conocer el nivel de introducción de la TA y de encontrar el encaje de la TA y la PE dentro de los distintos programas de estudios en TeI (Austermühl, 2013; Cid-Leal et al. 2019; O'Hagan, 2013; Rothwell y Svoboda, 2019). Por lo que respecta al ámbito profesional y el mercado laboral en España, destaca el informe de investigación *ProjecTA*

2015 (Torres Ostench et al., 2016), que recoge los resultados de un estudio del uso de las tecnologías de la traducción y, entre otras, de la TA en las empresas españolas. En paralelo, se publicaba también el informe *Análisis del sector de la traducción en España: 2014-2015* (Rico y García Aragón, 2016). Ambos informes constataban que el uso de la TA es una realidad en la práctica profesional, muestra de ello es el hecho de que la mitad de las empresas encuestadas reflejaron que utilizaban la TA en sus flujos de trabajo. Por su parte, Pérez Macías (2017, 2020), más recientemente, estudió cuáles son los principales temores, preocupaciones y preferencias de los traductores en relación con la PE en el ámbito profesional.

Por otro lado, también desde una perspectiva nacional, destaca la labor pionera llevada a cabo por el grupo de investigación *Tradumàtica*, de la Universitat Autònoma de Barcelona, referente en el ámbito de la investigación de las tecnologías de la traducción y su aplicación en el aula de traducción. Cabe señalar otras iniciativas para la introducción de la TA en los grados de TeI se han ido materializando a través de proyectos de innovación docente, como los desarrollados en la Universidad Pablo Olavide (2016-2017), la Universidad Autónoma de Madrid (2017-2018) o la Universidad de Salamanca (Rodríguez Vázquez de Aldana et al., 2019), entre otros.

En la Comunidad Valenciana, la introducción de la docencia en TA se ha abierto paso en las asignaturas de traducción del Grado de Traducción y Mediación Interlingüística de la Universitat de València a través del Proyecto de Innovación Docente POSEDITrad[2] (González Pastor y Rico, 2021), desarrollado en la Universitat de València desde 2019 hasta 2021. Este proyecto de innovación sirvió para constatar la necesidad de que el alumnado desarrolle el conocimiento y las nuevas técnicas relacionadas con el uso de la TA y la PE y supuso el germen del Proyecto DITAPE, cuyos objetivos explicamos a continuación.

---

2 El Proyecto de Innovación Docente POSEDITrad (UV-SFPIE_PID19-1096107) se financió con fondos de la Universitat de València. En el marco de este proyecto, el 3 de diciembre de 2020 se celebraron las I Jornadas Virtuales de Innovación Docente en Traducción Automática y Posedición.

3 Objetivos

Los objetivos generales del proyecto confluyen en una doble perspectiva, docente e investigadora:

- Describir, analizar y evaluar la formación en TA que se oferta en las universidades españolas, así como actualizar el conocimiento de las necesidades actuales del mercado en cuanto a la implantación y el uso de la TA para descubrir cuál es la intersección entre lo que se enseña en la universidad y lo que demanda el sector laboral.
- Ampliar el alcance de la investigación habitual en TA, que suele centrarse en lenguas que destacan por su preponderancia en los medios e Internet como el inglés o el español, para dar así cabida y consolidar la investigación en TA en otras lenguas.
- Conectar y aplicar los resultados obtenidos en nuestra investigación al objeto de desarrollar y perfeccionar la enseñanza de la TA dentro del aula de traducción.
- Ofrecer una guía de buenas prácticas que incluya orientaciones para la mejora de la formación en TA de los traductores que sirvan de base para una futura confección de los programas académicos de las titulaciones de TeI. Estas orientaciones servirían para adaptar mejor la docencia a las necesidades actuales de la industria y, a su vez, para mejorar la empleabilidad del alumnado.

Los objetivos específicos son los siguientes:

- Describir la oferta formativa en TA en los grados en TeI en España y establecer el grado de implantación de la TA y la PE en las distintas titulaciones del Grado de TeI.
- Conocer el perfil formativo y profesional de los traductores que emplean la TA en sus labores de traducción diarias e identificar las tecnologías de la traducción que necesitan para llevar a cabo su trabajo.
- Identificar las necesidades de las empresas de traducción y el perfil de traductor que buscan en cuanto al uso de la TA se refiere.
- Identificar las cuestiones socioprofesionales que afectan al uso de la TA en el sector de la traducción.

- Identificar la formación actual y la formación necesaria en TA por parte del profesorado para poder ofrecer al alumnado la mejor preparación para su inserción en el sector profesional.
- Dotar al alumnado de los grados de Traducción y Mediación Interlingüística de la Universitat de València y de TeI de la Universitat Jaume I y de la Universitat d'Alacant de técnicas y herramientas de TA y PE a través de la práctica con los recursos informáticos propios de la traducción profesional: bases de datos, memorias de traducción, glosarios, herramientas de TA y herramientas de PE al servicio de la tarea traductora.
- Diseñar un catálogo de secuencias didácticas que incluyan: i) la concienciación sobre la necesidad de mantener el mayor grado posible de control sobre los procesos de traducción de los encargos que involucren el uso de la TA y la PE, ii) la perspectiva de la comunicación y negociación con el cliente para transmitirle la importancia del elemento humano en la TA y iii) el debate sobre las preocupaciones que genera el uso de la TA y sus aspectos profesionales y éticos, como pueden ser la confidencialidad de los textos que se cargan a un servidor de TA, el precio al que deben cobrarse estas traducciones, o la conveniencia de poseditar teniendo en cuenta la perspectiva de género.
- Difundir el desarrollo del proyecto y sus resultados a través de la publicación de informes, monografías, artículos científicos y la participación en foros nacionales e internacionales, así como entre los agentes interesados del sector académico y profesional.

4 Descripción del proyecto

4.1 Planteamiento investigador

La vertiente investigadora de DITAPE tiene como objetivo principal estudiar cómo se enseña la TA en la universidad y, en segundo lugar, descubrir la intersección entre lo que se imparte en la universidad, lo que demanda el sector en términos de qué competencias tecnológicas y perfiles deberían reunir los traductores profesionales, y lo que realizan diariamente los traductores profesionales del sector.

Nuestra acción investigadora se halla complementada por nuestra acción docente y le aporta una dimensión empírica que legitima no ya solo la intervención pedagógica en sí misma, sino también la necesidad de dotar al alumnado de ciertas herramientas y recursos tecnológicos que persiguen su correcta socialización.

Así, si bien DITAPE parte del planteamiento de que las profesiones que se derivan de la traducción no pueden entenderse hoy en día sin un componente tecnológico de peso, lo cierto es que los procesos de cambio y renovación de los diferentes planes de estudio de TeI no siempre comparten la celeridad y el ritmo que marca la industria. Además, un posible cambio en el plan de estudios de una titulación requeriría de un fuerte consenso y debería basarse en estudios rigurosos e informes de calidad que avalaran dicha reforma, entre los que se encontraría un estudio pormenorizado de aquellas competencias (en este caso, tecnológicas) que han adquirido un papel fundamental en los diferentes perfiles socioprofesionales que son de gran interés para los egresados en TeI.

Por estos motivos, el objetivo principal de DITAPE es realizar un mapeado, a través de un estudio de campo, de las necesidades tecnológicas relacionadas con la TA y la PE que parecen derivarse tanto de la industria de la traducción como de aquellas instituciones encargadas de formar a sus futuros profesionales. Nos planteamos, por tanto, realizar un estudio riguroso que aporte datos actuales reales a partir de la consulta social a grupos del sector profesional de la traducción y del mundo académico en el ámbito nacional.

El estudio, de naturaleza mixta y de corte etnográfico, tiene dos vertientes que, de forma paralela, contribuyen a dar una visión de conjunto del estado de la cuestión al tiempo que permiten la triangulación de los datos recogidos.

4.1.1 Primera vertiente: aportaciones desde la industria

Como bien apunta el Libro Blanco del Título de Grado en Traducción e Interpretación (2004), el diálogo continuo con la industria de la traducción (agencias de traducción, traductores autónomos, etc.) es de vital importancia en el diseño e implementación de los distintos planes de estudios. Al fin y al cabo, en una disciplina de naturaleza tan profesionalizante y eminentemente práctica como es la de los estudios de TeI, dar voz a la industria aporta una dimensión complementaria esencial para entender la profesión de manera holística y poder diseñar planes de estudio que tengan en cuenta hacia dónde se dirige el mercado y cuáles son las tendencias en lo que a necesidades formativas se refiere (Rodríguez de Céspedes, 2019).

Por esa razón, DITAPE se plantea el estudio, de corte cualitativo, de la percepción del uso de la TA en España. Para ello, se emplearon entrevistas semiestructuradas con las tres poblaciones objeto de nuestra investigación: empresas de traducción, traductores autónomos y docentes de traducción. Las entrevistas semiestructuradas ofrecen la flexibilidad de poder hacer hincapié en elementos diversos (uso de la TA y otros elementos tecnológicos, perfil del cliente, perfil del trabajador, tipología de textos que traducen mediante TA, etc.) y han permitido dar forma a los distintos tipos de perfiles profesionales y competencias que los empleadores buscan de forma activa en relación, específicamente, a su dimensión tecnológica. Del mismo modo, han permitido profundizar en la reflexión crítica de los profesionales del sector acerca de los aspectos socioprofesionales que afectan al uso de la TA desde su experiencia, así como de aquellas áreas de mejora sobre las que los planes de estudios de TeI deberían trabajar.

4.1.2 Segunda vertiente: aportaciones desde la academia

En paralelo al estudio centrado en la industria, los perfiles y herramientas que esta considera relevantes, se plantea una segunda vertiente de análisis también de corte cualitativo y cuantitativo centrada, esta vez, en los docentes de traducción y los planes de estudio de TeI en las universidades públicas del estado español. Al fin y al cabo, no podemos olvidar que, en última instancia, los encargados de desarrollar y llevar al aula el currículum son los mismos docentes en su día a día. Para ello, se plantean las siguientes acciones:

- Análisis y vaciado de guías docentes: los planes de estudio de TeI se caracterizan por tener un primer ciclo, de carácter generalista y transversal, que forma al alumnado en calidad de agente social crítico y lo dota de una primera aproximación a la traducción y la competencia traductora; y un segundo ciclo que muestra al alumnado los diferentes sectores de la traducción especializada y lo prepara, específicamente, para introducirse en el mercado laboral. Así, para analizar las competencias tecnológicas del grado, se procederá a la compilación y vaciado de aquellas guías docentes pertenecientes a i) las asignaturas del plan de estudios donde el componente tecnológico sea el objeto principal de la asignatura (tecnologías de la traducción, informática para traductores, etc.) y ii) las asignaturas del plan de estudio de traducción general y especializada y el uso transversal que estas hacen de la tecnología de la traducción.

- Diseño y distribución de un cuestionario entre los docentes de traducción de los diferentes grados de TeI de las universidades públicas del estado español. El análisis de las opiniones y creencias de una población finita, controlada y de identificación y acceso relativamente fácil nos permitió, por una parte, contrastar la información recogida en las guías docentes y, por otra, profundizar en el perfil docente medio y su relación con la tecnología. Esta información resultó particularmente relevante, ya que nos permitió trazar una radiografía no ya solo de las competencias tecnológicas que los planes de estudio buscan actualmente entre su alumnado, sino de las necesidades que el mismo cuerpo docente pueda tener respecto a la tecnología (una de las posibles causas que podría ralentizar la incorporación de la TA y la PE en las facultades de traducción en nuestro país).

En suma, podemos decir que estamos ante el primer estudio empírico y de investigación-acción que se realiza en nuestro país sobre la formación universitaria en TA, que cuenta con la participación del sector académico y profesional para reflexionar sobre aspectos de diseño curricular y de mejora de la formación tecnológica y la empleabilidad de nuestro alumnado, y que aplica directamente los resultados obtenidos en acciones en el aula.

4.2 Planteamiento docente

Desde el punto de vista docente, partimos de los resultados de nuestra fase investigadora para transferir al aula de traducción las herramientas, técnicas y procedimientos en TA y PE que se precisan hoy en el mercado de la traducción actual. De esa manera se pretendió fomentar su competencia tecnológica como profesionales y agentes destacados dentro de la sociedad del conocimiento. En definitiva, se trata de conectar y aplicar los resultados de nuestro planteamiento investigador al objeto de establecer el puente necesario entre la investigación académica y la acción en el tejido social y empresarial.

La perspectiva que se adopta en nuestro proyecto tiene en cuenta el uso de la tecnología como instrumento clave al servicio de la formación de los futuros traductores e intérpretes, que deben evolucionar hacia nuevos perfiles basados en el desarrollo de las nuevas tecnologías y la IA. El proyecto DITAPE propone así el uso de la TA y la PE con herramientas de software libre en el aula de traducción y poniendo en el centro del proceso al traductor durante la toma de decisiones acerca de su uso y conveniencia (Díaz Fouces, 2011). El planteamiento docente de este proyecto se fundamenta en la visión de que la tecnología forma parte de la misma actividad traductora y sirve para la mejora del proceso traductor (Mellinger, 2017). Lejos de la concepción tradicional que plantea el uso de la tecnología como contenido aislado y como un fin en sí misma, partimos de la base de que la enseñanza de la traducción no puede llevarse a cabo sin el uso intensivo de la tecnología (Rico, 2017), presente en la mayor parte del proceso traductor, de ahí que resulte indisociable de la misma actividad traductora y pueda integrarse de manera transversal en las distintas materias del currículum docente. Las herramientas que se han seleccionado para el proyecto DITAPE incluyen sistemas de TA como Apertium, DeepL, GoogleTranslate, eTranslation, Phrase y Matecat y están plenamente reconocidos, han sido testados y son de uso habitual por traductores profesionales y especialistas en PE. Entre las actividades desarrolladas, muchas tienen como objetivo que el alumnado se forme una percepción adecuada de la eficacia de la TA como instrumento a su servicio durante el proceso traductor, no como un fin en sí misma. Además, se fomenta la actitud crítica sobre el papel que las tecnologías juegan en la práctica traductora y las ventajas e inconvenientes que puede entrañar el uso de la TA, de modo que el alumnado sea consciente del impacto que tendrán las tecnologías en su futuro espacio profesional. Así, se introducen cuestiones relativas a la deontología profesional en el ámbito de la traducción y el desarrollo de prácticas éticas en el desempeño del trabajo traductor que implica el uso de datos confidenciales y otro tipo de cuestiones éticas relacionadas. El objetivo final es que el alumnado considere la TA como reto y, a su vez, como oportunidad. Con todo ello, se pretende que el estudiantado reciba un aprendizaje profesionalizador que le permita una mayor empleabilidad.

Asimismo, el proyecto hace hincapié en las cuestiones de género para concienciar al alumnado en la necesidad de poseditar los textos teniendo en cuenta la perspectiva de género en las diferentes lenguas del proyecto. Estudios recientes han demostrado que la TA tiende a reproducir asimetrías lingüísticas que se hallan en los datos con los que se entrenan los motores de traducción. En una perspectiva de género, todo ello tiene graves consecuencias. De hecho, al traducir del inglés a varias lenguas románicas, se observa que la TA a menudo da lugar a lo que se denomina *gender bias*, un sesgo léxico y sintáctico por el que se tiende a utilizar marcas de género masculino de manera errónea, a pesar de que la(s) referente(s) sea(n) femenina(s). Este fenómeno se hace patente, por ejemplo, en la traducción de palabras relacionadas con el ámbito profesional, tales como *scientist*, *engineer* o *doctor*, ya que, en un texto traducido por TA, dichos roles ocupacionales se suelen asociar erróneamente con pronombres masculinos (Prates et al., 2018; Escudé Font y Costa-jussà, 2019). El hecho de no escoger la forma femenina requerida por el contexto constituye un problema tanto técnico-lingüístico como ético, puesto que los errores de este tipo no solo influyen en la calidad y veracidad del producto de la traducción sino también, al mismo tiempo, un sistema de TA sesgado puede contribuir a perpetrar una infrarrepresentación de un grupo demográfico (Crawford, 2017). Así pues, el proyecto incluye la perspectiva de género, de modo que el alumnado analice, desde una perspectiva crítica, el texto producido por la máquina y si las traducciones a priori técnicas y objetivas esconden ciertos matices ideológicos que se presentan como asépticos, neutros o universales. Así, se persigue que el alumno tenga en cuenta el impacto del uso de la TA sobre el uso del lenguaje inclusivo y aplique la perspectiva de género a la hora de utilizar las distintas herramientas de TA y PE.

5 Metodología y resultados

5.1 Desarrollo del proyecto

Nos encontramos ante un estudio de corte exploratorio y enfoque descriptivo-interpretativo, pues nuestro objetivo es acercarnos a una realidad social y educativa para estudiarla, describirla e interpretarla. Por ello, y por la escasa existencia de estudios sistemáticos y empíricos sobre la situación actual de la formación y la profesión de la TA en España, no partimos de hipótesis que validar o refutar, sino de una serie de objetivos que nos marcamos para acercarnos a nuestro objeto de estudio. Además, nuestra investigación se alinea con el paradigma de la investigación-acción (Lewin, 1946), caracterizado por la circularidad del diseño de la investigación con el que se pretende profundizar en el conocimiento de una situación, aplicar cambios y evaluarlos (MacIsacc, 1996). Siguiendo las fases principales de este paradigma, en la primera etapa de nuestro trabajo emplearemos técnicas cualitativas y cuantitativas para recopilar y analizar información sobre el marco educativo y profesional de la TA en España en la actualidad. Para ello hemos recurrido, como hemos apuntado anteriormente, al estudio teórico de información y a la identificación y estudio, a través de entrevistas y encuestas (Kuznik et al. 2010), de las realidades socioprofesionales de distintos grupos de población. Este análisis sirve de guía, en la segunda etapa del proyecto para desarrollar e implementar en el aula de traducción diversas propuestas didácticas en las que se incluya la TA y la PE y con las que se persigue el desarrollo de las competencias tecnológicas que demanda el sector profesional. Durante y tras la intervención en el aula, será necesario reflexionar y evaluar la idoneidad de las propuestas y los materiales generados al objeto de poder mejorarlos y difundirlos con posterioridad.

En primer lugar, se procedió a desarrollar la parte investigadora del proyecto, de modo que, desde la perspectiva de la investigación-acción, los resultados extraídos puedan revertir en el diseño de las secuencias didácticas que se elaboran en una fase posterior. Tras la necesaria recopilación y análisis de información teórica del ámbito de la TA y PE, que incluyó la revisión de la bibliografía existente relacionada con nuestra investigación y de los distintos informes sobre el sector profesional, se procedió al diseño del cuestionario necesario para las entrevistas con la población del sector profesional. La metodología sigue un planteamiento mixto, que consta de dos fases. En cada una de estas fases, se exploraron 3 perfiles diferentes: empresas de traducción, traductores autónomos y docentes de traducción.

En una primera fase se realizó una aproximación cualitativa utilizando técnicas de exploración para escuchar el discurso espontáneo de las empresas, profesionales y docentes del sector y disponer así de una aproximación a sus percepciones e identificar el imaginario general. Del mismo modo, los datos recogidos en esta fase sirvieron para definir y adecuar el cuestionario de la siguiente fase. La técnica escogida para la investigación cualitativa fue la entrevista individual. Se realizaron 15 entrevistas individuales en profundidad mediante videollamada. La razón principal por la que se decidió usar esta técnica fue el hecho de que permite abordar cuestiones socioprofesionales del sector que pueden resultar delicadas, como son los precios o el uso de la TA y poder a su vez extraer y sondear a los encuestados acerca de nuevos temas. Del mismo modo, permite una relación cómoda entre el entrevistador y la población entrevistada para obtener información adicional y retomar las preguntas clave para tener una mejor comprensión de las actitudes y opiniones de los participantes (Gillham, 2005; Mariampolski, 2001). Tras la realización de las entrevistas se generaron las transcripciones de la entrevista multimedia para el análisis del contenido por parte del equipo de investigación DITAPE. Los temas de las entrevistas giraron en torno a la organización del sector y el uso la tecnología, sus agentes de producción y su realidad social, por un lado. Por otro, se abordó la coyuntura actual del sector, que pasa por un momento de transformación y se sondeó la opinión acerca del uso de la TA y la PE, las barreras y beneficios que comporta, así como su impacto. Finalmente, se entrevistó a los participantes acerca de cuestiones de formación en TA y PE y las competencias necesarias en tecnología para acceder al mercado laboral.

En la segunda fase se procedió a la cuantificación de los aprendizajes: a partir de una encuesta a los diferentes perfiles objeto de esta investigación, se dispone de una radiografía del sector desde la que plantear una hoja de ruta hacia la que encaminar a la industria de la traducción en el futuro. En esta segunda fase, se realizaron 191 encuestas válidas (50 empresas de traducción, 68 trabajadores autónomos y 73 docentes de traducción). Se utilizaron cuestionarios autocumplimentados por ordenador que permitieron incidir en ciertos aspectos ya explorados en la fase cualitativa, como son las políticas de precios, la satisfacción con los sistemas de TA y la motivación para usarlos, así como las prácticas profesionales y la posible adscripción a los códigos deontológicos propios o existentes. Por lo que respecta a la población docente, esta segunda fase permitió identificar cuáles son las herramientas que se emplean en la docencia en traducción, junto con los factores condicionantes y requisitos para introducir en el aula las tecnologías de la traducción y en particular la TA y la PE.

En paralelo se realizó un vaciado de las guías docentes con componente de tecnología y TA y PE de los grados de TeI que se imparten en las universidades españolas tomando como referencia el curso 2021-2022. La triangulación de los resultados obtenidos en las fases 1 y 2 junto con el vaciado de las guías docentes nos permite extraer los resultados de la investigación, lo que a su vez brindará la oportunidad de presentar una serie de propuestas de mejora para la formación universitaria en TA, lo que constituye la tarea final del proyecto, y se basa en la generación de materiales didácticos con vistas a su implementación en el aula.

Tras los trabajos de investigación preliminares llevados a cabo y atendiendo a sus resultados, se procederá, por último, al diseño de un compendio de secuencias didácticas que incluyan actividades para trabajar la TA y la PE en el aula de traducción. El repertorio de secuencias didácticas elaborado se clasificará y etiquetará por nivel educativo y modalidad de traducción, lenguas de trabajo, etc. Estas secuencias didácticas se implementarán en el futuro en las aulas de traducción de la Universitat Jaume I, la Universitat de València y la Universitat d'Alacant. Se prevé que las secuencias didácticas incluyan algunos de los aspectos más relevantes que desglosamos a continuación:

- Prácticas con los diferentes motores de TA.
- Clasificación de errores producidos por la TA y géneros textuales.
- Evaluación de la calidad de la TA.
- PE y medición del esfuerzo de PE.
- Aspectos profesionales relacionados con la TA.
- PE con perspectiva de género.
- Otros usos pedagógicos de la TA.

5.2 Equipo investigador

El proyecto DITAPE está compuesto por siete investigadores doctores, cuatro de ellos de la Universitat de València pertenecientes al Departamento de Filología Inglesa y Alemana (Dra. González Pastor, Dra. Cerezo Merchán, Dra. Lozano Sañudo) y al Departamento de Filología Francesa e Italiana (Dr. Artusi) y uno de la Universitat Jaume I (Dr. Martínez

Carrasco), perteneciente al Dpto. de Traducción y Comunicación. Asimismo, forman parte del proyecto las Dras. Navarro Brotons y Cuadrado Rey, adscritas al Departamento de TeI de la Universitat d'Alacant.

El grupo comparte intereses investigadores en el desarrollo de las tecnologías de la traducción aplicadas a la docencia y a la investigación y cree imprescindible la puesta en marcha de una acción docente cuyo objetivo principal consiste en que el alumnado adquiera la necesaria competencia tecnológica, de la que forman parte los sistemas de TA, para desenvolverse con garantías en un mercado laboral cada vez más segmentado y en el que se precisa el dominio de nuevas destrezas relacionadas con actividades que atañen a la TA, como son la preedición de textos, la PE, el entrenamiento de motores y la gestión de corpus, entre otras. Se trata de un grupo que ya ha desarrollado trabajos conjuntos dentro del marco de distintos proyectos de innovación docente financiados por la Universitat de València, como es el proyecto POSEDITrad, que constituyó el origen del proyecto DITAPE. Así, el grupo organizó las *I Jornadas Virtuales de Traducción Automática y Posedición*, celebradas el 3 de diciembre de 2020 en la Universitat de València con gran éxito de participación. Las *Jornadas* fueron auspiciadas por el Instituto de Lenguas Modernas y Aplicadas de la Comunidad Valenciana (IULMA) y el Servicio de Formación Permanente e Innovación Educativa de la Universitat de València. En dichas *Jornadas* el equipo impartió una ponencia en la que dio a conocer la metodología, los contenidos y los resultados de las experiencias docentes que habían tenido lugar en sus respectivas universidades para introducir la TA y la PE en el aula[3].

La acción docente y la investigación de los distintos miembros giran en torno a las diferentes lenguas y pares de lenguas en las que los integrantes del proyecto son especialistas: el inglés (Dras. González Pastor y Cerezo Merchán y Dres. Artusi y Martínez Carrasco), el francés (Dra. Navarro Brotons), el alemán (Dra. Cuadrado Rey y Dra. Lozano), el italiano (Dr. Artusi), así como el español y el catalán como lenguas maternas de todos

3 El programa completo de las Jornadas puede consultarse en http://www.iulma.es/index.php/i-jornadas-virtuales-de-innovacion-docente-en-traduccion-automatica-y-posedicion/

los integrantes. La configuración de este equipo multilingüe hace posible que la investigación y la docencia en TA profundice en lenguas con un peso específico e importancia internacional como son el inglés y el español, pero también se ocupe de otras lenguas que están necesitadas de investigación en TA, como es el caso del francés, el alemán, el italiano o el catalán.

6 Resultados

Los resultados que arrojan los datos del trabajo de campo apuntan claramente hacia la idea generalizada en el sector de que la TA y PE son una realidad existente, que ha ido adquiriendo relevancia, pero no se halla completamente extendida en la industria de la traducción. La TH sigue jugando un papel central en la facturación del sector. Aquellas empresas o trabajadores autónomos que realizan labores de TA suelen llevar a cabo, en su mayoría, encargos de PE y de revisión de la PE. En lo que respecta a la percepción de esta tecnología por parte de los agentes implicados, para la gran mayoría de profesionales del sector, la TA no es una solución por sí sola ni en el sector de la traducción, por lo que está poco extendida la idea de que la TA y la PE supondrán el fin de la TH en el futuro. Asimismo, son mayoría quienes perciben que la PE precisa de unas destrezas más similares a las de la revisión que a las de la TH, aunque a su manera de ver ello no implica en ningún caso un menor esfuerzo intelectual.

Por otro lado, de los resultados recabados se desprende que los sistemas de TA más utilizados en el sector son proporcionados por empresas externas, y esto es así tanto para las empresas que ofrecen sus servicios lingüísticos como para los trabajadores autónomos.

En los capítulos 4 y 5 de esta obra se ofrecen los resultados pormenorizados acerca de la percepción del uso de las tecnologías de la traducción y la TA en dos de las poblaciones investigadas, empresas y traductores profesionales, respectivamente.

6.1 Actividades de difusión del proyecto

El equipo DITAPE ha realizado diversas actividades para difundir el proyecto y los resultados. En primer lugar, debemos destacar la organización de diversas actividades y la participación de sus miembros en diversos foros nacionales e internacionales y entre los agentes interesados del sector académico, entre estas el *I Seminario de Investigación en Traducción Automática y Posedición*[4], que tuvo lugar el 5 de diciembre de 2021 en la Facultat de Filologia, Traducció i Comunicació de la Universitat de València y que acogió las conferencias de destacados ponentes que versaron sobre de las claves en la difusión de la investigación en tecnología y TA así como los aspectos éticos y deontológicos relacionados con su uso. Asimismo, destacamos la ponencia invitada de la IP de este proyecto en las *XII Jornadas de Investigación de la Facultad de Filosofía y Letras* celebradas en la Universidad de Alicante el 10 y 11 de mayo de 2021 y que llevó por título *La traducción automática: tendencias investigadoras y aspectos profesionales*. El grupo también ha difundido su investigación en reuniones y congresos especializados como son el *I Congreso Internacional Traducción y Discurso Turístico* (TRADITUR), celebrado en octubre de 2021 y la *XIII Semana de la Traducción Audiovisual*, organizada por la Universitat Jaume I en diciembre de 2021 y en la que se realizó una ponencia de presentación del proyecto. Destacamos también la ponencia invitada realizada por la IP en la *Jornada de Traducción Automática y Posedición* de la Università Ca Foscari de Venecia (Italia) el 5 de mayo de 2023, con el título *El impacto de la traducción automática en la traducción profesional en España: tendencias y aspectos socioprofesionales*. Por lo que respecta al apartado docente, DITAPE ha difundido su investigación en los congresos *Innovagogia 2022* y *Conferência Ibérica de Inovação na Educação com Tecnologias da Informação e Comunicação* (ietic2022), celebrados en 2022. Mención especial debemos otorgar al Simposio titulado *La traducción automática: fundamentos teóricos y aplicaciones prácticas en la enseñanza de la traducción* (González Pastor, 2022) organizado por nuestro equipo DITAPE en el marco del *Congreso Icon-Edu* en 2022 en el que presentamos las siguientes cinco comunicaciones:

- *Traducción automática y fraseología; propuesta de actividades para la clase de Traducción General.*

4 El programa de este seminario puede consultarse en http://www.iulma.es/wp-content/uploads/2021/12/Seminario-DITAPE-def.pdf

- *El tratamiento de las partículas modales alemanas en traducción/interpretación automática.*
- *La preedición como paso previo a la traducción automática. Una aproximación teórico-práctica en el aula de traducción.*
- *Los aspectos éticos y profesionales derivados del uso de la traducción automática y su enseñanza en el aula de traducción.*
- *Estudio experimental y percepciones sobre la introducción de la traducción automática en el aula de subtitulación.*

7 Conclusiones

El uso de la TA es una realidad en el sector profesional que está cambiando el modo en que empresas y traductores trabajan y se sitúan en el mercado de la traducción. El proyecto DITAPE, en la línea de trabajos y estudios anteriores, tiene como objetivo identificar cuáles son los usos y las opiniones actuales hacia la TA en nuestro país para escuchar las voces de los empleadores, profesionales autónomos para conocer el impacto del uso de las tecnologías y la TA en la labor de los profesionales del sector, con la peculiaridad de incluir por primera vez la voz de los docentes.

En este artículo hemos descrito en detalle la motivación para la realización del proyecto, los antecedentes y situación actual del sector respecto al uso de la tecnología y la TA, así como las fases, desarrollo y principales resultados obtenidos a lo largo del mismo.

La doble dimensión de este proyecto, investigadora y docente permitirá la realización de propuestas pedagógicas adaptadas a los nuevos perfiles profesionales en línea con las tareas que se realizan actualmente en el sector, teniendo siempre en cuenta que es necesario formar al alumnado no solo como profesionales en el uso de las herramientas y tecnologías más innovadoras, sino también en la necesidad de disponer de un espíritu crítico para saber utilizar correctamente las tecnologías de la traducción y en especial, la TA, siendo conscientes de los riesgos que entraña y de las cuestiones éticas y profesionales que lleva aparejadas. Del mismo modo, este proyecto supone un primer paso para la realización de propuestas docentes adaptadas a la realidad laboral, de modo que puede servir como marco para la revisión de los modelos de competencias actuales, en los que se conciba la tecnología como una herramienta al servicio de la traducción, y sean de aplicación para los grados de TeI.

Bibliografía

Allen, J. (2003). Post-editing. En H. Somers (Ed.), *Computers and Translation: A Translator's Guide* (pp. 297-318). John Benjamins.

ANECA (2004). *Libro Blanco del título de Grado en Traducción e Interpretación.* http://www.aneca.es/var/media/150288/libroblanco_traduc_def.pdf

Aranberri, N. (2014). Posedición, productividad y calidad. *Revista Tradumàtica: Tecnologies de la Traducció*, 12, 471-477.

Austermühl, F. (2001). *Electronic Tools for Translators*. St. Jerome.

Bowker, L. (2015). Computer-aided Translation: Translator Training. En C. Sin-Way (Ed.), *Routledge Encyclopedia of Translation Technology* (pp. 88-104). Routledge.

Austermühl, F. (2013). Future (and not so future) trends in the teaching of translation technology. *Revista Tradumàtica. Tecnologies de la Traducció,* 10, 326-337.

Bawa-Mason, S. (2018). The Translation Sector of the Future: Indications from the FIT 2017 Conference 'Disruption and Diversification'. *Revista Tradumàtica. Tecnologies de la Traducció*, 16, 71-84. https://doi.org/10.5565/rev/tradumatica.213

Cadwell, P., O'Brien, S. y Teixeira, C. S. C. (2018). Resistance and accommodation: factors for the (non-) adoption of machine translation among professional translators. *Perspectives: Studies in translation theory and practice*, 26(3), 1-21. http://dx.doi.org/10.1080/0907676X.2017.1337210

Casacuberta Nolla, F. y Peris Abril, A. (2017). Traducción automática neuronal. *Revista Tradumàtica. Tecnologies de la Traducció*, 15, 66-74. https://doi.org/10.5565/rev/tradumatica.203

Cid-Leal, P., Espín-García, M.C. y Presas, M. (2019). Traducción automática y posedición: Perfiles y competencias en los programas de formación de traductores. En M. Tolosa Igualada y A. Echeverri (Eds.), *Porque algo tiene que cambiar. La formación de traductores e intérpretes: Presente & futuro / Because something should change: Present & Future Training of Translators and Interpreters. MonTI. Monografías de Traducción e Interpretación*, 11, 187-214. https://doi.org/10.6035/MonTI.2019.11.7

Comisión Europea, Dirección General de Traducción. (2022). European Language Industry Survey 2022 (ELIS 2022). https://ec.europa.eu/info/sites/default/files/about_the_european_commission/service_standards_and_principles/documents/elis2022-report.pdf

Crawford, K. (4-9 de diciembre de 2017). *The Trouble with Bias* [ponencia]. *Conference on Neural Information Processing Systems (NIPS)*. Long Beach, California. https://www.facebook.com/nipsfoundation/videos/1553500344741199

De Palma, D. A., Pielmeier, H., Stewart, R.G. y Henderson S. (2016). *The Language Services Market: 2016*. Common Sense Advisory. https://insights.csa-research.com/reportaction/36540/Marketing

Díaz Fouces, O. (2019). Algunas consideraciones sobre el papel de las tecnologías en los Estudios de Traducción y la formación de traductores, *Hikma*, *18*(1), 57-84.

Díaz Fouces, O. (7-8 de abril de 2011). ¿Merece la pena introducir el software libre en la formación de traductores profesionales? [ponencia]. *Jornadas de Traducción y Lenguas Aplicadas*. Universitat de Vic.

Do Carmo, F. (2020). 'Time is money' and the value of translation. *Translation Spaces*, *9*(1), 35-57. https://doi.org/10.1075/ts.00020.car

Doherty, S. (2016). The impact of technologies on the process & product of translation. *International Journal of Communication*, 10, 947-969.

Drugan, J. (2013). *Quality in professional translation: assessment and improvement*. Bloomsbury Publishing.

Education, Audiovisual & Culture Executive Agency. (Diciembre de 2011). *The OPTIMALE Employers survey and consultation*. https://ec.europa.eu/programmes/erasmus-plus/project-result-content/0bcd80b1-59eb-4f2f-88db-dc519b043329/59-ENWA-FR-RENNES02.pdf

Escudé Font, J. y Costa-jussà, M. R. (2019). Equalizing gender bias in neural machine translation with word embeddings. En *Proceedings of the First Workshop on Gender Bias in Natural Language Processing*, 147-154, Florencia, Italia. Association for Computational Linguistics.

Fırat, G. (2021). Uberization of Translation: Impacts on Working Conditions. *The Journal of Internationalization and Localization*, *8*(1), 48-75. https://doi.org/10.1075/jial.20006.fir

Gaspari, F., Almaghout, H. y Doherty, S. (2015). A survey of machine translation competences: insights for translation technology educators and practitioners. *Perspectives: Studies in Translatology*, *23*(3), 333-358.

Ginovart Cid, C., Colominas, C. y Oliver, A. (2020). Language Industry Views on the Profile of the Post-Editor. *Translation Spaces*, *9*(2), 283–313. https://doi.org/10.1075/ts.19010.cid

Gillham, B. (2005). *Research Interviewing: The Range Of Techniques: A Practical Guide*. McGraw-Hill Education.

González Pastor, D. (coord.) (2022). *La traducción automática: fundamentos teóricos y aplicaciones prácticas en la enseñanza de la traducción y la interpretación* [simposio]. Congreso Internacional: Educación y conocimiento. ICON-edu 2022 (pp. 417-422). Barcelona: Octaedro. https://octaedro.com/libro/actas-1st-international-congress-education-and-knowledge/

González Pastor, D. (2021). Introducing Machine Translation in the Translation Classroom: a survey of students' attitudes and perceptions. *Revista Tradumática, Tecnologies de la Traducció*. Revista Tradumàtica. Tecnologies de la Traducció, 19, 47-65. https://doi.org/10.5565/rev/tradumatica.273

González Pastor, D. y Rico Pérez, C. (2021). POSEDITrad: la traducción automática y la posedición para la formación de traductores e intérpretes. *RIDU: Revista Digital de Innovación en Docencia Universitaria*, *15*(1), e1213. https://doi.org/10.19083/10.19083/ridu.2021.1213

Guerberof, A. (2012). *Productivity and quality in the post-editing of outputs from translation memories and machine translation*. [Tesis de doctorado no publicada]. Universitat Rovira i Virgili. https://www.tdx.cat/handle/10803/90247

International Market Analysis Research and Consulting Group (IMARC) (2022). *Language Services Market: Global Industry Trends, Share, Size, Growth, Opportunity and Forecast 2023-2028*. https://www.imarcgroup.com/language-services-market

Kenny, D. (2022). Human and machine translation. En D. Kenny (Ed.), *Machine translation for everyone: Empowering users in the age of artificial intelligence* (pp. 23–49). Language Science Press. https://langsci-press.org/catalog/book/342

Koponen, M. (2016). Is machine translation post-editing worth the effort? A survey of research into post-editing and effort. *JoSTrans: The Journal of Specialised Translation*, 25, 131-148.

Kuznik, A., Hurtado Albir, A. y Espinal Berenguer, A. (2010). El uso de la encuesta de tipo social en Traductología. Características metodológicas. *MonTI. Monografías de Traducción e Interpretación*, 2, 315–344. http://dx.doi.org/10.6035/MonTI.2010.2.14

Leiva Rojo, J. (2018). Aspects of human translation: the current situation and an emerging trend. *Hermeneus*, 20, 257-294. https://doi.org/10.24197/her.20.2018.257-294

LeBlanc, M. (2017). I can't get no satisfaction! Should we blame translation technologies or shifting business practices?. En D. Kenny (Ed.), *Human Issues in Translation technologies* (pp. 45-62). Routledge.

Lewin, K. (1946). Action Research and Minority Problems, *Journal of Social Issues*, 2, 34-46.

Lommel, A. R. y DePalma, D. (2016). *Europe's Leading Role in Machine Translation: How Europe is Driving the Shift to MT*. Common Sense Advisory.

MacIsaac, D. (1995). *An Introduction to Action Research*. http://physicsed.buffalostate.edu/danowner/actionrsch.html

Mariampolski, H. (2001). *Qualitative Market Research*. SAGE Publications.

Massardo, I. y van der Meer, J. (2017). *The Translation Industry in 2022. A report from the TAUS Industry Summit*. TAUS. https://cdn2.hubspot.net/hubfs/2734675/Reports,%20ebooks/The%20Translation%20Industry%20in%202022.pdf

Mellinger, C. (2017). Translators and machine translation: knowledge and skills gaps in translator pedagogy. *The Interpreter and Translator Trainer, 11*(4), 280-293. https://doi.org/10.1080/1750399X.2017.1359760

Moorkens, J. (2017). Under Pressure: Translation in Times of Austerity'. *Perspectives, (25)*3, 464–477. https://doi.org/10.1080/0907676X.2017.1285331

O'Hagan, M. (2013). The Impact of New Technologies on Translation Studies: A Technological Turn?. En C. Millán, y F. Bartrina (Eds.), *The Routledge Handbook of Translation Studies* (pp. 503-518). Routledge.

O'Hagan, M. (2016). Massive Open Translation: Unpacking the Relationship Between Technology and Translation in the 21st Century. *International Journal of Communication,* 10, 929-946.

Orlando, M. (2019). Training and educating interpreter and translator trainers as practitioners-researchers-teachers. *The Interpreter and Translator Trainer, 13*(3), 216-232. https://doi.org/10.1080/1750399X.2019.1656407

PACTE (2018). Competence levels in translation: Working towards a European framework. *The Interpreter and Translator Trainer, 12*(2), 111–131. https://doi.org/10.1080/1750399X.2018.1466093

Pérez Macías, L. (2017). *Análisis de las percepciones en torno a la práctica de la posedición en el sector profesional de la traducción en España.* [Tesis de doctorado no publicada]. Universidad Pablo de Olavide. https://rio.upo.es/xmlui/bitstream/handle/10433/6934/perez-macias-tesis-16-17.pdf?sequence=1&isAllowed=y

Pérez Macías, L. (2020). What Do Translators Think About Post-Editing? A Mixed-Methods Study of Translators' Fears, Worries and Preferences on Machine Translation Post-Editing. *Tradumàtica,* 18, 11-32 10.5565/rev/tradumatica.227

Prates, M. O. R., Avelar, P. H. C. y Lamb, L. C. (2018). Assessing Gender Bias in Machine Translation: A Case Study with Google Translate. *Neural Computing and Applications,* 1–19.

Pym, A. (2011). What technology does to translating. *The International Journal for Translation and Interpreting, 3*(1), 2-9.

Pym, A. (2013). Translation Skill-Sets in a Machine-Translation Age. *Meta, 58*(3), 487-503.

Pym, A. y Torres-Simón, E. (2021). 'Is Automation Changing the Translation Profession?' *International Journal of the Sociology of Language,* 270, 39–57. https://doi.org/10.1515/ijsl-2020-0015

Rico, C. (2017). La formación de traductores en traducción automática. *Tradumàtica, Tecnologies de la Traducció,* 15, 75-96. https://doi.org/10.5565/rev/tradumatica.200

Rico, C. y Torrejón, E. (2012). Skills and Profile of the New Role of the Translator as MT Post-editor. *Tradumàtica, Tecnologies de la Traducció,* 10, 166-178. https://doi.org/10.5565/rev/tradumatica.18

Rico, C. y García Aragón, A. (2016). *Análisis del Sector de la Traducción en España* (2014-2015). Universidad Europea.

Rico, C. y González Pastor, D. (2022). The Role of Machine Translation in Translation Education: a thematic analysis of translator educator's beliefs. *Translation and Interpreting*, *14*(1), 177-197. https://doi.org/10.12807/t&i.v14i1.1341

Rodríguez de Céspedes, B. (2019). Translator Education at a Crossroads: the Impact of Automation. *Lebende Sprachen, 64*(1), 103–121. https://doi.org/10.1515/les-2019-0005

Rodríguez Vázquez de Aldana, E., Torres del Rey, J., De Sterck, G., Zimmermann, M., González, P. y Roiss Fröstl, S. (2019). Hacia un uso didáctico del traductor automático DeepL. Memoria ID-200. Ayudas de la Universidad de Salamanca para la innovación docente, curso 2018-2019. https://gredos.usal.es/handle/10366/139998

Rothwell, A. y Svoboda, T. (2019). Tracking translator training in tools and technologies: findings of the EMT survey 2017. *The Journal of Specialised Translation*, 32, 26-60. https://jostrans.org/issue32/art_rothwell.pdf

Sakamoto, A. (2019). Unintended Consequences of Translation Technologies: From Project Managers' Perspectives. *Perspectives*, 27(1), 58–73. https://doi.org/10.1080/0907676X.2018.1473452

Sánchez Ramos, M. y Rico, C. (2020). *Traducción Automática. Conceptos clave, procesos de evaluación y técnicas de posedición.* Comares.

Specia, L. y Torres, R. (2012). Post-Editing practice – a survey of translators' preferences and concerns. En Balling, L. W., Carl, M., y Lykke Jakobsen, A. (Eds.) *Proceedings of the ETP-International Workshop on Expertise in Translation and Post-editing - Research and Application.* The Bridge.

Torres-Hostench, O., Presas, M. y Cid-Leal, P. (Coords.) (2016). *El uso de traducción automática y posedición en las empresas de servicios lingüísticos españolas: Informe de investigación ProjecTA 2015.* https://ddd.uab.cat/record/148361

Vasilescu, R. (2014). Ethical issues in machine translation. *Linguistic & Philosophical Investigations*, 13, 227-232.

Way, A. (2018). Quality expectations of machine translation. En J. Moorkens, S. Castilho, F. Gaspari y S. Doherty (Eds.), *Translation Quality*

Assessment: From Principles to Practice (pp. 159-178). Springer International Publishing.

Witczak, O. (2016). Incorporating Post-Editing into a Computer-Assisted Translation Course. A Study of Student Attitudes, *Journal of Translator Education and Translation Studies*, *1*(1), 35-55.

Andrea Artusi

Universitat de València

Panorama de la traducción automática: situación del mercado, sistemas y evaluación

Resumen: Este capítulo pretende ofrecer un panorama general acerca de la TA. Tras proporcionar una definición, se expondrán los hallazgos más recientes sobre la situación del mercado profesional actual, donde se observa un incremento exponencial en la demanda de servicios de traducción a nivel global, a menudo con costes inasumibles. Asimismo, ilustraremos las tendencias actuales en cuanto al empleo de sistemas de TA en el flujo de trabajo de los proveedores de servicios lingüísticos, un cambio de paradigma que surgió para hacer frente a las exigencias del mercado. A continuación, se resumirá con algunas pinceladas los diferentes tipos de sistemas de TA que se han ido desarrollando a lo largo de las últimas décadas (sistemas de TA basados en reglas, basados en estadística, basados en ejemplos, sistemas de TA híbridos y basados en redes neuronales) al fin de delinear sus características principales. Por último, se ahondará en el proceso de evaluación de la traducción proporcionada por los sistemas de TA y su importancia, tanto en su modalidad manual como automática.

Abstract: This chapter aims to provide a general overview of MT. After providing a definition, the most recent findings on the current professional market situation will be presented, where there is an exponential increase in the demand for translation services at a global level, often at unaffordable costs. We will also illustrate current trends in the use of MT systems in the workflow of language service providers, a paradigm shift that arose to meet market demands. Next, the different types of MT systems that have been developed over the last decades (rule-based, statistics-based, example-based, hybrid and neural MT systems) will be briefly summarised in order to outline their main characteristics. Finally, the fundamental translation quality assessment process, both manual and automatic, will be addressed.

Palabras clave: traducción automática, mercado de traducción, empleo de TA, sistemas de traducción automática, evaluación de la calidad de la traducción.

Keywords: Machine Translation, Translation Market, Use of MT, Machine Translation Systems, Translation Quality Assessment.

1 Introducción

En este capítulo pretendemos ilustrar, sin ánimo de ser exhaustivos, algunos conceptos básicos relacionados con el apasionante mundo de la TA. Esta constituye, sin lugar a dudas, una de las principales revoluciones tecnológicas de las últimas décadas, pues su difusión no solo ha tenido importantes repercusiones en el seno de la industria de la traducción, sino que también ha trascendido el ámbito profesional, siendo su uso muy extendido en la sociedad moderna. Tras ofrecer una aproximación a su definición (§ 2), analizaremos el estado del mercado de la traducción actual, para luego señalar estudios que aportan datos acerca del empleo de la TA por parte de los principales agentes del sector (§ 3). A continuación, resumiremos las características de los diferentes tipos de TA existentes (§ 4) y de los principales métodos de evaluación de las traducciones ofrecidas por los sistemas de TA (§ 5). Finalmente, formularemos algunas conclusiones sobre las tendencias destacadas (§ 6).

2 Definición

En estas páginas adoptaremos una perspectiva comúnmente reconocida en los estudios del ámbito de investigación que nos ocupa, por la que se considera que la TA "consiste en la traducción de una lengua a otra mediante un programa informático [...] sin la necesidad de que una persona (el traductor) participe en el proceso" (Sánchez Ramos y Rico Pérez, 2020, p. 2). Sin embargo, para conseguir textos de calidad óptima sigue siendo necesario cierto grado de intervención humana a lo largo del proceso, esto es, antes, durante y después de que la traducción se lleve a cabo por el sistema automático (Quah, 2006, p. 9). El grado de implicación por parte del traductor humano dependerá en mayor medida[1] de la calidad exigida en cada proyecto de traducción. En

1 Hay otros factores que determinan si la labor humana es necesaria o no. Las características de cada encargo pueden influir enormemente, en función de numerosas variables, tales como la tipología textual, el presupuesto y el tiempo

efecto, hoy en determinados nichos de mercado la TA ya no se emplea con la pretensión de alcanzar una calidad excelente, sino que se aboga, en su lugar, por una calidad menor que sea suficiente o *fit for purpose* (van der Meer, s.f.), lo que supone una adecuación del nivel de calidad requerido según la finalidad de cada encargo. Todo ello repercute indudablemente, como decíamos, en la necesidad o no de que intervenga un traductor humano en el flujo de trabajo. De esa manera, desde el punto de vista del grado de mecanización del proceso de traducción, en el mercado de la traducción actual es posible trazar un *continuum*[2] que va desde encargos realizados exclusivamente mediante TH hasta otros llevados a cabo únicamente por sistemas de TA, pasando por proyectos de traducción en los que los especialistas han de intervenir en algún momento del proceso con la ayuda de herramientas informáticas, como ocurre, por ejemplo, en el caso de la preedición, el entrenamiento de motores de traducción y la PE[3].

Antes de detallar los diferentes tipos de sistemas de TA que se han desarrollado hasta la fecha —gracias a la estrecha colaboración entre especialistas de varias disciplinas como, entre otras, la ingeniería informática, la lingüística, la lingüística computacional, la estadística y la IA—, proporcionamos algunos datos que ilustran la situación del mercado de la traducción actual y el alcance que en él tiene la TA, tanto en España como a nivel internacional.

---

del que se dispone, las características del sistema de TA empleado y las exigencias del mandante de la traducción, entre otras.

2 Otros autores (Hutchins y Somers, 1992, p. 148) han distribuido los tipos de traducción existentes a lo largo de un *continuum* que contempla, en el extremo izquierdo, la traducción automática de alta calidad totalmente automatizada, seguida por la traducción automática con intervención humana, así como la traducción humana asistida por el ordenador y, por último, la traducción humana, en el extremo derecho.

3 La PE es una actividad adyacente al uso de la TA que normalmente se lleva a cabo por parte de un profesional de la traducción y consiste en la revisión de un texto traducido automáticamente por un sistema de TA (O'Brien, s.f.). En estas páginas no abordaremos la PE. El lector interesado podrá saber más sobre sus características en el capítulo 3, dedicado íntegramente a esta cuestión.

3 El sector de la traducción y la traducción automática

3.1 La situación actual del mercado de la traducción

La industria de la traducción desempeña un papel primordial en la internacionalización de las economías a la que aspiran muchos países en el siglo XXI. Si bien es difícil proporcionar cifras exactas que puedan cuantificar el número de empresas y personas que en la actualidad conforman el sector de los SL, algunos estudios de mercado realizados hasta la fecha indican que, a nivel mundial, las empresas de traducción ascienden a 25 000 (PricewaterhouseCoopers LLP, 2012, p. 4, 12, citado en Leiva Rojo, 2018, p. 258), mientras que, según otras estimaciones, los traductores e intérpretes alcanzarían aproximadamente los 333 000 (Comisión Europea, Dirección General de Traducción [DGT], 2012, p. 137-140). En lo que respecta al volumen de negocios, a lo largo de los últimos años, numerosos indicadores económicos que dan cuenta de la evolución de los mercados globales han ido confirmando, una y otra vez, que la industria mundial de SL se halla en continua expansión. En particular, si ponemos el foco en la última década, las estimaciones más recientes apuntan que el aumento del volumen de mercado de la industria de SL es tal que pronto duplicará con respecto a la riqueza que producía hace poco más de una década, al pasar de los 23,5 mil millones de dólares estadounidenses generados en el 2009 a los 57,7 mil millones que se prevén para el 2022 (Statista Research Department, 2022).[4] Estos datos, ya abrumadores de por sí, sorprenden aún más habida cuenta de que el boom del sector —espoleado por múltiples factores, entre otros, el fenómeno de la globalización y el desarrollo incesante de internet— se ha dado en tiempos de profunda inestabilidad económica marcados por eventos perturbadores de las economías mundiales, como la crisis financiera que golpeó el planeta en 2008, la consiguiente crisis de deuda de los años posteriores, la pandemia mundial de la Covid-19 de 2020 y los más recientes fenómenos inflacionistas desencadenados

4 Otra investigación independiente realizada por la empresa de estudios de mercado Nimdzi Insights (Hickey, 2022) calcula que la facturación total de la industria ascendió a los 60,5 mil millones de dólares estadounidenses en 2021; además, según sus estimaciones, en 2022 y 2026 alcanzará los 64,7 y los 84,9 mil millones, respectivamente.

por la guerra en Ucrania. La resiliencia del sector parece ser transversal, al interesar todo tipo de SL y especialización, aunque en 2021 los avances principales se dieron principalmente, por un lado, en las empresas con una facturación de entre 1 y 5 millones de euros en Europa (DGT, 2022, p. 8) y por el otro, en las denominadas superagencias, esto es, en las 100 empresas de SL más grandes del mundo, que en el 2021 incrementaron su volumen de mercado un 22,7 % frente al 6,8 % del año anterior (Hickey, 2022, p. 24).[5] Sin embargo, sería erróneo interpretar el éxito cosechado por las agencias multinacionales de la traducción como un dominio del mercado por su parte, ya que los datos de los que disponemos en la actualidad trazan un panorama diametralmente opuesto, en el cual se aprecia un ingente nivel de fragmentación del tejido empresarial en el que, si bien se aprecia un constante crecimiento de las superagencias tanto en Europa como en Estados Unidos desde hace más una década (Olohan, 2007), hoy en día más del 80 % de los ingresos sigue procediendo de empresas con una facturación inferior a los 10 millones de dólares (Hickey, 2022, p. 30), entre las que cabe incluir, como es obvio, a las pymes y a los traductores autónomos. Dicha fragmentación se considera como una consecuencia directa de la globalización económica, la internacionalización de los mercados y la innovación tecnológica, y se suma a otros fenómenos que se observan en el mundo de la traducción, tales como, entre otros, el incremento de la automatización y la deslocalización, un mayor impacto de la tecnología en el quehacer diario de los traductores, así como la adquisición de nuevas destrezas y competencias por parte de todos los profesionales involucrados en el flujo de trabajo del sector (Enríquez Raído, 2016, p. 975).

Ahora bien, el incesante aumento de ganancias producidas en el mundo profesional de la traducción a lo largo de los últimos años no implica necesariamente que la industria no presente problemas estructurales que

5 Además, las dos superagencias que entre 2017 y 2021 han ocupado los dos primeros lugares del ranquin mundial han incrementado un 80 % y un 60 % respectivamente. Como si no bastara, en este ámbito de la industria se ha marcado un nuevo hito: TransPerfect, la multinacional de servicios lingüísticos que encabeza la clasificación del top 100 mundial desde hace años, se ha convertido en la primera superagencia del sector en rebasar una facturación anual de mil millones de dólares estadounidenses (Hickey, 2022, p. 26).

precise solventar. A modo de ejemplo, debido a la presión tarifaria provocada por la extrema competitividad, los precios de los servicios de traducción en las últimas décadas se han estancado e incluso han ido padeciendo fenómenos de notable erosión (Leiva Rojo, 2018, p. 259; Nunes Vieira y Alonso, 2018, p. 17); aun así, los últimos datos europeos (DGT, 2022, p. 9) no solo señalan que, según las agencias y los traductores autónomos, el año 2021 constituyó un punto de inflexión al alza —gracias a la recuperación de las tarifas tras el inevitable descenso provocado por la pandemia mundial de la Covid-19— sino que se augura que sigan aumentando en 2022. Otros problemas intrínsecos que se han ido denunciando desde hace muchos años son, por un lado, el nivel de estrés generado por la dificultad de gestionar el tiempo para poder lograr una buena conciliación de la vida laboral, familiar y personal por parte de los traductores autónomos, y por el otro, las dificultades a la hora de contratar a profesionales especializados y con conocimientos en tecnologías de la traducción, así como de retener el talento y limitar su rotación en las agencias de traducción (DGT, 2022, p. 12; 39).

3.1.1 La industria de la traducción en España

Las investigaciones acerca de la composición del sector de la traducción en España, si bien escasas, pueden ayudarnos a delinear a grandes rasgos las características del mercado de la traducción español. Hace más de tres lustros, un estudio realizado por la Agrupación de Centros Especializados en Traducción (2005, diapositiva 15) estimó que en España el volumen de negocios anual ascendía a 247 millones de euros y contaba con índice de crecimiento anual del 6 %; además, en línea con lo que ya hemos observado en el contexto internacional, se hacía patente un alto grado de fragmentación (con un rol de protagonista desempeñado por las pymes, con un 61 % de volumen de mercado, frente a las empresas de gran tamaño, con un 20 %, los autónomos, con un 17 % y las empresas sin plantilla, con un 2 %), constituido principalmente por unas 700 empresas pequeñas y medianas —con una plantilla inferior a 20 empleados y una facturación inferior al millón de euros—, así como por unas 20 empresas de un tamaño superior —y que cuentan con más de 20 empleados e ingresos de más de un millón de euros anuales— y unos 4000 traductores autónomos (ACET,

2005, p. 16-17). La radiografía que se obtiene de estos datos resulta en línea con otro estudio más reciente (Rico Pérez y García Aragón 2016, p. 56-59, 64-69), cuyos hallazgos confirman que la mayoría de empresas de servicios lingüísticos españolas son pymes con un volumen de facturación inferior al millón de euros (23,5 % de 1 a 3 millones de euros, 7,8 % más de 3 millones de euros) en las que, debido al escaso número de empleados en plantilla de los que se dispone, se suele externalizar los servicios de traducción mediante la contratación de colaboradores externos.

3.2 La situación de la traducción automática

Si el funcionamiento de la TA ha ido mejorando de manera sustancial a lo largo de los últimos años es gracias a los avances tecnológicos derivados de la IA y de su aplicación al mundo de la traducción, unos progresos que han sido posibles en virtud de los extraordinarios esfuerzos en I+D por parte de centros de investigación privados e instituciones públicas, gubernamentales y académicas de todo el mundo. Debido a la política lingüística de la UE, marcadamente orientada hacia el fomento del multilingüismo desde sus orígenes, el continente europeo es hoy líder mundial en cuanto a número de centros de investigación y grupos de I+D cuyos estudios interesan directamente la TA, por delante de Estados Unidos y Asia (Comisión Europea, Dirección General de Redes de Comunicación, Contenido y Tecnologías [DGRCCT], 2019, p. 77-78).[6] Otro indicio de que Europa es una de las áreas geográficas donde más se está apostando por la TA es, sin lugar a dudas, su implementación a nivel institucional en el seno de la Unión Europea[7]. El Centro de Traducción de los Órganos

6 Europa destaca también en lo que respecta a las publicaciones académicas en las revistas más prestigiosas de esta rama de estudios, al ser el continente más prolífico tras Asia (DGRCCT, 2019, p. 80).

7 Dicha implementación no es un fenómeno reciente. En efecto, la Comisión Europea empezó a servirse de un sistema de TA basado en reglas denominado ECMT ya en el lejano 1975. Debido a los avances tecnológicos, entre otros la aparición de los sistemas de TA estadísticos y neuronales, el ECMT fue sustituyéndose por sistemas más avanzados y dejó de ser operativo en 2010. Para un recorrido histórico acerca de la evolución de los sistemas de TA en el seno de los órganos comunitarios europeos, véase Foti (2022, p. 24-28).

de la Unión Europea (CTOUE), una agencia ubicada en Luxemburgo que ofrece servicios lingüísticos y de traducción a otras agencias, organismos e instituciones de la UE, con un total de 70 clientes y unos 200 trabajadores, por ejemplo, introdujo el empleo de la TAN en el 2021 en el marco de un plan estratégico que pretende fomentar el multilingüismo a costes más reducidos. En particular, entre las iniciativas relacionadas con la TA, que se emprendieron en el Centro a partir del 2021, destacamos (CTOUE, 2022, p. 8-29):

(1) La organización de cursos de formación para clientes acerca de cómo mejorar el resultado de las TA;
(2) La elaboración de una guía de estilo para mejorar la redacción de los textos origen, con el objeto de obtener una TA de mayor calidad;
(3) La implantación local del sistema de TAN de la Comisión Europea (eTranslation);[8]
(4) La construcción de nuevos motores (y desarrollo de los existentes) de TA específicos para ámbitos de especialidad determinados, como el de la jurisprudencia en materia de propiedad intelectual y salud pública;
(5) La realización de cursos para que el personal del Centro desarrolle habilidades y destrezas necesarias para llevar a cabo una posedición de TA de calidad;
(6) La revisión del servicio de consultoría lingüística, en el que, entre otros, se ofrezca un servicio de preedición (de carácter tanto técnico como lingüístico) de los textos origen.

Además, se prevé que en 2023 el Centro desarrolle un metamotor de TA (esto es, una plataforma en la que se integren diferentes motores) y lo combine con un sistema automático de evaluación de la calidad de la TA

8 Se trata de un sistema de TAN elaborado por la Comisión Europea, totalmente gratuito y dirigido tanto a los ciudadanos como a las administraciones públicas de la UE. En línea con el programa de implementación de este sistema en los órganos de la UE, el CTOUE y al Comisión colaboraron para implantar en 2021 el uso de eTranslation en la Fiscalía Europea para integrar el sistema en su flujo de trabajo interno y así evitar limitaciones de seguridad (CTOUE, 2022, p. 28). Para más información acerca de eTranslation, véase Comité Europeo de las Regiones (2022).

que establecerá qué propuestas de traducción son las más idóneas de entre las proporcionadas por los diferentes sistemas de TA, en función de las especificidades de cada encargo, de tal manera que solo se ofrezcan a los traductores las que reciban la mayor puntuación. Todo ello revertirá en un ahorro de tiempo notable para los trabajadores del Centro, con una consiguiente disminución de costes, puesto que ya no será necesario que sean ellos los que lleven a cabo una comparación de las distintas posibilidades antes de escoger la que consideran más adecuada (CTOUE, 2022, p. 36).

3.2.1 Implantación y percepción de la TA en Europa y en el mundo

El uso de la TA lleva siendo una realidad en la industria de la traducción desde hace ya unos años, pues se ha concebido como una herramienta útil para abaratar costes y acortar plazos de entrega en un mercado que, en las últimas décadas, ha experimentado un vertiginoso incremento de demanda de SL (Massardo y van der Meer, 2017). Si bien en este caso también resulta complejo obtener datos a nivel global, disponemos de estudios y encuestas que pueden ayudarnos a arrojar luz sobre el grado de empleo actual de estos sistemas, además de proporcionarnos información sobre la percepción que de ellos tienen los agentes del sector. Hace casi una década, cuando todavía no se había comercializado la TAN y se empleaban sistemas de TA basados en reglas y TAE, una encuesta internacional a la que respondieron unos 500 trabajadores del sector no solo indicó que un tercio de los participantes (agencias y traductores) ya estaban utilizando TA en su flujo de trabajo, sino también que un 35 % había pensado en implantarlo en su oficio durante los próximos años (Doherty, Gaspari, Groves, van Genabith, Specia, Burchardt, Lommel, y Uszkoreit, 2013, p. 9). Por otra parte, en otro estudio publicado dos años más tarde (Gaspari, Almaghout y Doherty, 2015, p. 349), casi la mitad de los 438 encuestados —esto es, empresas y traductores autónomos, principalmente europeos, que participaron en él— confirmaron estar utilizando la TA en el desempeño de su labor profesional. Tras la difusión de la TAN y debido a los constantes avances tecnológicos en IA, dicha tendencia al alza hoy en día parece imparable. La radiografía más actualizada acerca de la situación actual sobre el uso y la percepción de la TA nos la proporciona la

European Language Industry Survey (ELIS) (DGT, 2022), una encuesta que en 2022 cosechó 1342 respuestas, gracias a la participación de empresas que proporcionan SL, así como de traductores autónomos, centros educativos y departamentos de traducción públicos y privados. En lo que concierne al uso de la TA, de los datos recabados se observa que algo más del 70 % de los traductores autónomos encuestados la utiliza en mayor o menor medida (de ellos, más del 10 % se sirve de ella a diario, más del 20 % con regularidad y un 35 % solo de manera ocasional). Por otra parte, en el 58 % de las empresas de traducción hoy en día ya se recurre a la TA, y se prevé superar el 70 % de las empresas que hagan uso de ella en el año 2022, siendo este tipo de tecnología la cuarta más empleada en dichos contextos profesionales, tras las herramientas TAO (cuyo uso está implantado en el 90 % de agencias) y los programas de gestión de proyectos (en un 80 %) y terminológica (en poco más del 60 %). Además, en ocasiones el empleo de TA resulta ser incluso más extendido, como en las agencias de traducción de organismos públicos internacionales europeos, donde la TA rebasa el 90 % de los casos y supera el de las memorias de traducción y los gestores terminológicos, una diferencia sustancial frente a lo que ocurre en las agencias públicas nacionales, en las que se emplea en el 60 % de los casos (DGT, 2022, p. 14, 23-25). Con todo, si bien los porcentajes de implementación son muy elevados y subrayan de manera inequívoca una difusión cada vez mayor de la TA, la realidad dista de ser tan idílica, pues las cifras a menudo no representan el uso real que se hace de estos sistemas (Vercher, 2021, p. 62). En efecto, si se considera el conjunto de los proyectos en los que trabajan tanto las empresas como los traductores autónomos, poco más del 20 % de ellos se realizan mediante TA (DGT, 2022, p. 26).

En lo que respecta a la percepción que los agentes del sector tienen de la TA, destacamos las primeras consultas acerca de esta tecnología publicadas en el primer informe *ELIS* de 2013, en el que la TA se consideraba principalmente una amenaza y un desafío. Al menos en el ámbito empresarial las cosas ya han cambiado de manera sustancial: hoy el 65 % de los proveedores de SL consideran la TA una oportunidad. En el frente más reticente de los traductores autónomos, aunque de manera más moderada, se empieza a divisar también un cambio en la percepción de la TA, ya que el 35 % de ellos también interpreta su implantación como una oportunidad, frente a los más recelosos, un 41 %, que lo ven como una amenaza (DGT, 2022, p. 25).

3.2.2 La TA en España

En el transcurso de los últimos años el sector de SL español también ha experimentado un proceso de implantación de TA y PE. Los datos recabados en una encuesta a la que contestaron 55 empresas del sector en 2015 destacan que el 47,3 % de ellas utilizaban la TA en su flujo de trabajo (Presas, Cid-Leal y Torres-Hostench, 2016, p. 133), una cifra en absoluto desdeñable si se considera que por aquel entonces todavía no se había comercializado la TAN y las empresas se servían de sistemas de TAE o híbridos. En cuanto al perfil de empresas que más recorrían a la TA, esta tecnología se implementaba principalmente en pequeñas empresas (19-49 trabajadores) con escasos recursos económicos, a diferencia de lo que se observaba en las microempresas (hasta 9 trabajadores) donde se apreciaba un uso sensiblemente inferior de la TA (38 % frente al 70 % de las pequeñas empresas) (Presas, Cid-Leal y Torres-Hostench, 2016, p. 133). Ahora bien, como ya hemos adelantado, a pesar de que la mitad de las empresas encuestadas afirmaron estar utilizando la TA, al examinar el grado de uso real que de ella se hacía más allá de su simple implementación, se observó que aproximadamente la mitad de las empresas se servían de estos sistemas únicamente en un 10 % de sus proyectos[9]. Del mismo modo, ante una buena difusión del servicio de PE, ofrecido por el 80 % de las empresas encuestadas, el grado de empleo real no parece tan elevado, al representar la mitad de los trabajos de PE solamente el 10 % del volumen de trabajo total (Presas, Cid-Leal y Torres-Hostench, 2016, p. 134). Las cifras proporcionadas por las encuestas se analizaron desde un punto de vista cualitativo gracias a la creación de un grupo focal en el cual se llevaron a cabo entrevistas a expertos del sector. Dichos expertos manifestaron su

9 Entre los factores que influyen en la adopción o no de sistemas de TA ante un encargo de traducción determinado, se señala, entre otras: la combinación lingüística, las características del proyecto (tema y tiempos de entrega, entre otras), el tipo de cliente y sus peticiones específicas, nivel de especialización del texto, aceptación por parte de los traductores y la calidad de las herramientas TAO (Presas, Cid-Leal y Torres-Hostench, 2016, p. 136).

asombro ante porcentajes tan bajos de uso real de TA a causa del aumento de productividad y el abaratamiento de costes que supone, aunque confirmaron que, cuando se realizó la encuesta, seguía existiendo cierta reticencia por parte del tejido empresarial del mundo de la traducción español a la hora de utilizar los sistemas de TA, principalmente debido a factores como: la calidad insuficiente de las traducciones proporcionadas por la TA en algunos ámbitos y especialidades; los problemas de confidencialidad de los datos procesados por algunos sistemas de TA de libre acceso en internet; la escasa formación en TA y PE de los profesionales y el recelo que muestran ante su implantación debido a los cambios que suponen en el desempeño de su trabajo; y, por último, los costes elevados para poder crear un sistema de TA propio, de uso interno (Presas, Cid-Leal y Torres-Hostench, 2016, p. 136-138).

Por otro lado, para completar el panorama sobre la situación de la TA y PE en España, es de particular interés observar el fenómeno desde el punto de vista de los traductores autónomos. En las respuestas a un cuestionario ofrecidas en el año 2017 por 104 trabajadores por cuenta propia en el sector de la traducción español —principalmente mujeres entre los 26 y 35 años, en su mayoría licenciadas en Traducción e Interpretación— se desprende que el 64 % de la muestra había decidido *motu proprio* utilizar en algún momento la TA en el desempeño de su profesión, un porcentaje inferior con respecto a la experiencia mostrada en las TAO (90 %) (Pérez Macías, 2017, p. 252), que, sin embargo, no es de extrañar si se considera la presencia de estas últimas en el sector, sin lugar a dudas más madura. En cuanto a la PE, si bien más de la mitad de los encuestados que la utilizan lo hace solo de manera puntual (no supera el 25 % del total del trabajo anual) y bajo petición del cliente, el estudio confirma que al proporcionar este servicio los profesionales incrementan su productividad (Pérez Macías, 2017, p. 253). Por último, aunque la mayoría de los traductores autónomos encuestados (60 % de la muestra) percibe la PE como una oportunidad, ante condiciones de paridad tarifaria gran parte de ellos se decantaría por la TAO (70 %), seguida por la TA+PE y la TH, con valores casi igualados (15 y 13 %, respectivamente) (Pérez Macías, 2017, p. 254).

A modo de reflexión general, cabe recordar que los estudios recién mencionados se refieren a un contexto laboral en el que todavía dominaban la escena los sistemas de TA híbridos o TAE, por lo que resulta necesario disponer de datos actualizados que puedan determinar si, tras la difusión de la TAN y el desarrollo ulterior de la IA del último lustro, hoy en día es posible apreciar algún cambio en cuanto al uso y la percepción de la TA y la PE tanto en España como en el resto del mundo.

Con el objeto de descubrir en qué medida han cambiado la TA desde su aparición y comprender el impacto que podrían tener los sistemas más avanzados, en el próximo apartado detallamos sucintamente las características de los principales tipos de sistemas de TA.

4 Sistemas de traducción automática

Como es sabido, a lo largo de las últimas décadas se han desarrollado diferentes tipos de sistemas de TA desde que en la década de los 80 Hutchins (1986) previera todo su potencial y limitaciones. Los resumimos aquí, con algunas pinceladas, basándonos principalmente en la descripción que de ellos proporcionan Sánchez Ramos y Rico Pérez (2020, p. 11-30), en una contribución fundamental cuya lectura se recomienda a todo lector interesado en conocer más de cerca su funcionamiento.

En los años 70 del siglo pasado se desarrollaron los sistemas de TA basados en reglas, hoy en día considerados obsoletos y poco utilizados. Tras unos primeros sistemas de transferencia directa, parecida a la traducción palabra por palabra, en los que se aplicaban reglas y se utilizaban diccionarios integrados sin analizar las oraciones ni sintáctica ni semánticamente (y se obtenían, por tanto, peores resultados), se pasó a desarrollar modelos de transferencia que preveían un análisis de la sintaxis y la semántica, gracias a la creación de representaciones abstractas del TO en la fase analítica del proceso (*parsing*), seguida de otra fase de transferencia sintáctica y semántica que implicaba la transformación de dichas representaciones abstractas en otras parecidas en la lengua de llegada, finalmente convertidas en la traducción en la fase de generación. Otro enfoque perteneciente a este tipo de sistemas de TA es el modelo de interlengua, que consta de dos pasos: una fase de análisis que, mediante la aportación de reglas y diccionarios, convierte el texto en interlengua (representación abstracta de la información sintáctica y semántica del texto, independiente de la lengua origen y meta); y una fase de síntesis, que parte de la interlengua para volver a aplicar reglas y diccionarios propios de la LM y dar lugar así a la traducción (Sánchez Ramos y Rico Pérez, 2020, p. 11-14).

Ante los elevados costes de mantenimiento y actualización, y debido a la falta de fluidez oracional y las abundantes ambigüedades semánticas que se daban con estos modelos, se crearon, a partir de mediados de los años 80 del siglo pasado, los sistemas de TA basados en estadística[10]. Estos sistemas se nutren de la ingente cantidad de información que reciben de los textos (monolingües y traducciones) con los que se entrenan, y se sirven de ella para por un lado, calcular la probabilidad de que una oración pueda considerarse fluida y gramatical en la LM (gracias a los datos recabados en los corpus de entrenamiento monolingües en dicha lengua); por otro, dentro del abanico de traducciones posibles para una misma palabra u oración, para calcular qué traducción es más verosímil (Sánchez Ramos y Rico Pérez, 2020, p. 15-18).

El éxito cosechado por los sistemas de TA estadísticos se debe a la mayor calidad de la traducción que generan desde el punto de vista de la fluidez del TM, asociada a una mayor rapidez en la elaboración de todo el proceso de creación con respecto a los sistemas basados en reglas. Sin embargo, el hecho de que los sistemas estadísticos prescindan del uso de diccionarios y reglas y así se imposibilite la subsanación de los errores que puedan manifestarse en la traducción mediante la eventual introducción de una regla o un término en el sistema, conllevó la aparición de sistemas de TA híbrida que combinan los dos modelos (TAE y basado en reglas) con el propósito de alcanzar un resultado de calidad superior al integrar los dos tipos de tecnologías (Sánchez Ramos y Rico Pérez, 2020, p. 20-21).

Por último, desde que en 2016 se lanzó el servicio de Google Traductor, la TAN empezó a sustituir progresivamente a los sistemas híbridos y estadísticos. Los sistemas de TAN constituyen una evidencia palmaria de los avances extraordinarios que se han conseguido en el ámbito de la IA y de cómo se han podido aplicar al mundo de la traducción. Tal y como

10 Paralelamente, en los mismos años se desarrollaron en Japón sistemas de TA basados en ejemplos. Su funcionamiento difiere de los estadísticos, puesto que se sirven de corpus paralelos para establecer analogías y generar traducciones de textos nuevos, sin recurrir a cálculos probabilísticos (Sánchez Ramos y Rico Pérez, 2020, p. 19).

su nombre indica, la TAN funciona mediante redes neuronales artificiales que imitan el funcionamiento de las neuronas presentes en el cerebro humano[11] y que, desde el punto de vista lingüístico-computacional, convierten las palabras y las frases en representaciones vectoriales (secuencias numéricas denominadas *embeddings*) (Pérez-Ortiz, Forcada y Sánchez-Martínez, 2022, p. 150). La estructura reticular de dichas neuronas cuenta con múltiples capas[12]: una de entrada, en la que se recibe el input del entrenamiento efectuado con corpus paralelos (traducciones alineadas), un proceso posible gracias a la conversión numérica de las palabras, como decíamos convertidas en vectores; una capa oculta, en la que se realiza el aprendizaje, al activarse o no las neuronas ocultas tras recibir la señal propagada por las adyacentes (de la capa anterior); y, por último, una capa de salida, que a su vez recibe los estímulos de las capas ocultas y genera una traducción (Sánchez Ramos y Rico Pérez, 2020, p. 23). Según el resultado esperado se puede seguir entrenando repetidamente las neuronas de una red, es decir, alterar el peso de las conexiones existentes entre ellas, hasta que la traducción producida se acerque a la calidad deseada (Casacuberta Nolla y Peris Abril, 2017, p. 70). Otros dos corpus, ajenos entre sí e independientes del corpus de entrenamiento, se encargarán de determinar cuándo parar el proceso de aprendizaje y evaluar el resultado conseguido (Pérez-Ortiz, Forcada y Sánchez-Martínez, 2022, p. 146; 161). En este tipo de sistemas la traducción final se consigue mediante redes neuronales de codificación —que asignan, primero a cada palabra y luego a cada frase, una representación vectorial— y redes neuronales de decodificación —que predicen las palabras del TM. Todo ello se lleva a cabo teniendo en cuenta el contexto de aparición de las palabras, al fin de discriminar el significado contextual de las palabras polisémicas, a través de

11 Su funcionamiento es bastante complejo y su análisis excede los objetivos de este capítulo. Remitimos a contribuciones anteriores para más información (Pérez-Ortiz, Forcada y Sánchez-Martínez, 2022).

12 Las arquitecturas neuronales multicapa suelen denominarse *redes neuronales profundas*, que funcionan con algoritmos de aprendizaje profundo (*deep learning*). Una de las redes neuronales más grandes de la actualidad, GPT-3, cuenta con 96 capas, que incluyen decenas de miles de neuronas cada una (Pérez-Ortiz, Forcada y Sánchez-Martínez, 2022, p. 147).

uno o más vectores de atención (Casacuberta Nolla y Peris Abril, 2017, p. 69; Pérez-Ortiz, Forcada y Sánchez-Martínez, 2022, p. 154-155). A modo de conclusión, diremos que, a pesar de la mayor fluidez ofrecida por la TAN frente a los sistemas anteriores, también presenta alguna desventaja, ya que para su entrenamiento se sigue necesitando una gran cantidad de corpus paralelos y procesadores de gran potencia (Casacuberta Nolla y Peris Abril, 2017, p. 70).

A continuación, procedemos a detallar los métodos de evaluación automática más utilizados hoy en día en la industria y entre los investigadores y creadores de sistemas de TA.

5 La evaluación de la traducción automática

El proceso de evaluación de un texto traducido mediante TA puede llevarse a cabo de maneras muy dispares, en función de lo que se pretende evaluar (Lavie, 2011, diapositivas 6-8). Por un lado, en ocasiones se compara sistemas de TA diferentes con el fin de determinar, en relación con las combinaciones lingüísticas examinadas, cuál de ellos ofrece mejores resultados; en otras, se lleva a cabo una comparación de diferentes versiones de un mismo sistema para examinar eventuales mejoras conseguidas gracias a las últimas actualizaciones, o bien se analiza la capacidad de un sistema de traducir una construcción sintáctica compleja; finalmente, en otros casos se compara la calidad de diferentes sistemas de TA en un ámbito de especialidad concreto. Como es obvio, la finalidad última del proceso de evaluación repercute necesariamente en el diseño de los criterios y métricas que se vayan a aplicar.

Otra variable que juega un papel primordial en la determinación de las características del proceso de evaluación es quién o qué lo realiza. Así pues, cabe diferenciar entre la evaluación humana, normalmente llevada a cabo por profesionales de la traducción, y la automática, realizada por sistemas informáticos. En la evaluación humana, se observa un enfoque más tradicional, en el que normalmente el traductor analiza la traducción frase por frase (segmento por segmento) y formula una evaluación del texto en su conjunto —y determina, así, si esta cumple los requisitos exigidos— según una serie de parámetros, tales como la fidelidad (*adequacy*), la fluidez (*fluency*), la legibilidad (*readability*) y la comprensibilidad (*comprehensibility*), medidos principalmente mediante escalas Likert, un sistema de valoración dividido en cinco niveles, donde el nivel 1 supone el rechazo de la propuesta de traducción y el 5 su total aceptación, pasando por grados intermedios (Castilho, Doherty, Gaspari y Moorkens, 2018, p. 17-19). La necesidad de proporcionar un análisis que diese cuenta de los errores o problemas específicos contenidos en las traducciones, y así proponer posibles vías de mejora de cara al futuro, hizo que en los años 90 se desarrollaran métricas que constituyen los primeros intentos hacia la estandarización del proceso en el seno de la industria, como la SAEJ2450 y la LISA QA Model. Esta última, elaborada por la que se denominaba Localisation Industry Standards Association, si bien inicialmente fue concebida con el propósito de estandarizar el proceso en el ámbito de la localización de software y documentos, al contar con un formato personalizable capaz adaptarse a las necesidades de quien la utilice, se extendió vigorosamente en la industria, pues permite catalogar los errores de traducción según una veintena de categorías y tres niveles de gravedad con el fin de conseguir una puntuación que dé cuenta de la calidad de la traducción (Lommel, 2018, p. 112). Otras métricas de evaluación manual muy conocidas que se elaboraron posteriormente son la Multidimensional Quality Metrics (MQM) y el Dynamic Quality Framework (DQF) que se desarrollaron en el Centro de Investigación Alemán para la Inteligencia Artificial de Berlín y en la Translation Automation User Society (TAUS) con sede en Ámsterdam, respectivamente. Gracias a la financiación de un proyecto de investigación europeo de 2014, estas dos entidades fusionaron las dos métricas mencionadas dando lugar a una tipología de errores integrada (DQF/MQM) que cuenta con 7 categorías principales, divididas a su vez en subcategorías, repartidas en una estructura jerárquica que mantiene, por un lado, la simplificación del proceso promovida por TAUS en el DQF y, por otro, el principio de MQM por el que se debe utilizar únicamente las categorías de errores que se necesiten según las características de cada encargo, en línea con las teorías traductológicas funcionalistas por las que una traducción ha de evaluarse en función de su *skopos* (Lommel, 2018, p. 118; 124-125). Como consideración general en cuanto a la evaluación manual, aunque nos referimos a una práctica aún extendida en la industria, puesto que ofrece un análisis muy detallado que permite incluso examinar la traducción de fenómenos lingüísticos complejos y realizar una clasificación de los errores cometidos en profundidad, tiene las desventajas de ser un proceso lento, muy costoso en términos económicos y notablemente dependiente de las destrezas y la subjetividad de las personas involucradas en él (Castilho, Doherty, Gaspari y Moorkens, 2018, p. 25).

Así, los sistemas de evaluación automática surgen como respuesta ante los retos y problemas planteados por la manual. Paralelamente a lo que hemos observado para la evaluación humana, la automática también cuenta con dos tipos de sistemas: por un lado, las métricas de evaluación automáticas (AEM por su sigla en inglés) y, por otro, los sistemas automáticos de clasificación de errores. Aunque en ambos casos se compara una traducción realizada mediante un sistema de TA con una TH del mismo texto, que se adopta como referencia, la finalidad de los dos procesos difiere: en las primeras se genera una puntuación global acerca de la calidad de la traducción, mientras que en los segundos se realiza una estimación y una clasificación de los tipos de errores contenidos en el texto traducido por TA (Popović, 2018, p. 142). Dentro del amplio abanico de métricas de evaluación automática existentes destaca la Bilingual Evaluation Understudy (BLEU, Papineni, Roukos, Ward, Zhu, 2002) al ser la más utilizada por parte de los investigadores del sector, por delante de otras también muy conocidas como METEOR y TER[13] (Castilho, Doherty, Gaspari y Moorkens, 2018, p. 26). Lejos de analizar si se expresa adecuadamente o no el valor semántico del texto de partida, BLEU mide principalmente la cantidad de palabras o de n-gramas[14] de la traducción realizada mediante TA que coincide la TH de referencia y la relaciona con la longitud de los dos textos (TH y TA) mediante cálculos logarítmicos que, finalmente, dan como resultado un valor que indica la calidad de la traducción, siendo este más alto cuanto más la TA se parezca a la TH profesional (Sánchez Ramos

13 El análisis en detalle del funcionamiento de las principales métricas que se emplean en la actualidad trasciende los objetivos de este artículo y ya está ampliamente tratado en estudios anteriores, a los que remitimos (Castilho, Doherty, Gaspari y Moorkens, 2018, p. 24-29; Sánchez Ramos y Rico Pérez, 2020, p. 43-49).

14 Constituye una "secuencia de un número de palabras (N) en un determinado texto" (Sánchez Ramos y Rico Pérez, 2020, p. 52), de tal manera que, por ejemplo, un *trigrama* representaría una combinación de tres palabras.

y Rico Pérez, 2020, p. 45-47). El hecho de que resulte útil servirse de este tipo de métrica —para abaratar costes y conseguir una evaluación más rápida y objetiva que la manual— no implica que no existan también en este caso algunas claras desventajas (Babych, 2014). En primer lugar, en la mayoría de las ocasiones, cuando se trabaja con BLEU solo se utiliza una única TH de referencia (y no múltiples TTHH), lo que implica un sesgo considerable, sobre todo porque, como es sabido, la traducción perfecta por definición no existe, por muy humana que sea (Way, 2018, p. 166-167). En segundo lugar, BLEU no reconoce sinónimos y es deficiente desde el punto de vista semántico (Sánchez Ramos y Rico Pérez, 2020, p. 46), ya que no es capaz de detectar que un texto puede haberse traducido correctamente sin ser necesariamente igual a la TH con la que este se compara.

En definitiva, los sistemas de evaluación manuales y automáticos pueden considerarse dos caras de una misma moneda, ambas con ventajas y desventajas, pero sin duda útiles y complementarias.

6 Conclusiones

La industria de la traducción está en continua expansión debido a la demanda creciente de SL, impulsada por la internacionalización de las economías, la globalización y el desarrollo de internet. Los avances tecnológicos de las últimas décadas han cosechado éxitos extraordinarios que han brindado la oportunidad de abarcar un volumen de traducción diario abrumador, absolutamente impensable hace tan solo unos años[15]. Sin embargo, queda mucho camino por delante. Por un lado, se seguirá trabajando para mejorar la TAN, una tecnología que, a pesar de ofrecer fluidez en el TM, en la actualidad no siempre supera cualitativamente el rendimiento de los sistemas estadísticos (Densmer, s.f.). Además, se fomentará la difusión de métricas de evaluación que se puedan adaptar a las características de cada encargo (como las que se han visto en este capítulo) y, paralelamente, se seguirá trabajando en la predicción de la calidad

15 A mediados de 2016 Google anunció que traducía un volumen diario medio de aproximadamente 143 mil millones de palabras en 100 combinaciones lingüísticas diferentes con su servicio de TA (Google Traductor), una cifra que dobló los datos recabados tan solo cuatro años antes (Way, 2018, p. 161).

de la TA (*Quality Estimation*), gracias a la creación de métricas capaces de proporcionar estimaciones sobre la fiabilidad de un texto traducido mediante TA sin tener acceso a traducciones humanas de referencia, a menudo no disponibles (Specia y Shah, 2018). Al mismo tiempo, en el seno de la industria de SL, cuestiones como la dificultad de medir el esfuerzo de posedición y la presión tarifaria seguirán generando debate entre los agentes implicados, un diálogo necesario con vistas a proponer posibles soluciones. Por último, los docentes universitarios habrán de esforzarse por actualizar constantemente los contenidos curriculares de los grados en TeI en línea con las tecnologías y tendencias emergentes, con el objeto de acortar la distancia entre los futuros egresados y el sector laboral.

Referencias bibliográficas

Agrupación de Centros Especializados en Traducción. (2005). Estudio de situación del mercado español de servicios profesionales de traducción. Marzo de 2005 [Diapositiva de Power Point]. SlidePlayer. https://slideplayer.es/slide/16186/

Babych, B. (2014). Automated MT evaluation metrics and their limitations. *Revista Tradumàtica. Tecnologies de la traducció*, 12, 464-470. https://doi.org/10.5565/rev/tradumatica.70

Casacuberta Nolla, F. y Peris Abril, Á. (2017). Traducción automática neuronal. *Revista Tradumàtica. Tecnologies de la traducció*, 15, 66-74. https://doi.org/10.5565/rev/tradumatica.203

Castilho, S., Doherty, S., Gaspari, F. y Moorkens J. (2018). Approaches to Human and Machine Translation Quality Assessment. En J. Moorkens, S. Castilho, F. Gaspari y S. Doherty (Eds.), *Translation Quality Assessment. From Principles to Practice* (pp. 9-38). Springer.

Centro de Traducción de los Órganos de la Unión Europea. (2022). Proyecto de Documento Único de Programación 2023-2025 del Centro de Traducción de los Órganos de la Unión Europea. http://cdt.europa.eu/sites/default/files/documentation/pdf/002_2022_adp_dspd_2023-2025_es.pdf

Comisión Europea, Dirección General de Redes de Comunicación, Contenido y Tecnologías. (2019). Final study report on CEF Automated Translation value proposition in the context of the European LT market/ecosystem. https://data.europa.eu/doi/10.2759/142151

Comité Europeo de las Regiones. (2022). *eTranslation: un sistema fiable de traducción en línea creado por la UE, a su servicio*. https://cor.europa.eu/es/engage/Pages/e-translation.aspx.

Comisión Europea, Dirección General de Traducción. (2012). The Status of the Translation Profession in the European Union, European Commission, Studies on translation and multilingualism 7/2012. https://op.europa.eu/en/publication-detail/-/publication/4e126174-ea20-4338-a349-ea4a73e0d850/language-en

Comisión Europea, Dirección General de Traducción. (2022). European Language Industry Survey 2022 (ELIS 2022). https://ec.europa.eu/info/sites/default/files/about_the_european_commission/service_standards_and_principles/documents/elis2022-report.pdf

Densmer, L. (10 de septiembre de 2022). *The Future of Translation Quality Assessment: An Interview with Dr. Joss Moorkens*. RWS. https://www.rws.com/blog/the-future-of-translation-quality-assessment-an-interview-with-dr-joss-moorkens/

Doherty, S., Gaspari, F., Groves, D., van Genabith, J., Specia, L., Burchardt, A., Lommel, A. y Uszkoreit, H. (2013). Mapping the industry I: Findings on translation technologies and quality assessment (Informe nº 1). https://doras.dcu.ie/19474/1/Version_Participants_Final.pdf

Enríquez Raído, V. (2016). Translators as Adaptive Experts in a Flat World: From Globalization 1.0 to Globalization 4.0? *International Journal of Communication*, *10*(2016), 970–988.

Foti, M. (2022). eTranslation. Le système de traduction automatique de la Commission européenne en appui d'une Europe numérique. *Traduire Revue française de la traduction*, *246*(2022), 23-29. https://doi.org/10.4000/traduire.2793

Gaspari, F., Almaghout, H. y Doherty, S. (2015). A survey of machine translation competences: Insights for translation technology educators and practitioners. *Perspectives: Studies in Translatology*, *23*(3), 333–358. http://dx.doi.org/10.1080/0907676X.2014.979842

Hickey, S. (2022). *The Nimdzi 100. The size and state of the language services industry in 2022, including the ranking of the top 100 largest language service providers*. https://www.nimdzi.com/nimdzi-100-top-lsp

Hutchins, W. J. (1986). *Machine translation: past, present, future*. Ellis Horwood.

Hutchins, W. J. y Somers, H. L. (1992). *An Introduction to Machine Translation*. Academic Press Limited.

Lavie, A. (2011). *Evaluating the Output of Machine Translation Systems* [Diapositiva en PowerPoint]. Repositorio de la Carnegie Mellon University. https://www.cs.cmu.edu/~alavie/Presentations/MT-Evaluation-MT-Summit-Tutorial-19Sep11.pdf

Lommel, A. (2018). Metrics for Translation Quality Assessment: A Case for Standardising Error Typologies. En J. Moorkens, S. Castilho, F. Gaspari y S. Doherty (Eds.), *Translation Quality Assessment. From Principles to Practice* (pp. 109-127). Springer.

Nunes Vieira, L. y Alonso E. (2018). *The use of machine translation in human translation workflows. Practices, perceptions and knowledge exchange*. Institute of Translation and Interpreting. https://www.iti.org.uk/resource/the-use-of-machine-translation-in-human-translation-workflows.html

O'Brien, S. (10 de septiembre de 2022). *Post-editing*. Handbook of Translation Studies Online. https://benjamins.com/online/hts/articles/hts.5.pos3

Olohan, M. (2007). Economic Trends and Developments in the Translation Industry, What Relevance for Translator Training? *The Interpreter and Translator Trainer*, *1*(1), 37-63.

Papineni, Ḱ., Roukos S., Ward T., Zhu W.-J. (2002). BLEU: a Method for Automatic Evaluation of Machine Translation. En P. Isabelle, E. Charniak, D. Lin (Eds.), *Proceedings of the 40th annual meeting on Association for Computational Linguistics* (pp. 311-318). Association for Computational Linguistics.

Pérez Macías, L. (2017). *Análisis de las percepciones en torno a la práctica de la posedición en el sector profesional de la traducción en España* [Tesis de doctorado no publicada]. Universidad Pablo de Olavide.

Pérez-Ortiz, J. A., Forcada, M. L. y Sánchez-Martínez, F. (2022). How neural machine translation works. En D. Kenny (Ed.), *Machine translation for everyone: Empowering users in the age of artificial intelligence* (pp. 141–164). Language Science Press. https://doi.org/10.5281/zenodo.6760020

Popović, M. (2018). Error Classification and Analysis for Machine Translation Quality Assessment. En J. Moorkens, S. Castilho, F. Gaspari y

S. Doherty (Eds.), *Translation Quality Assessment. From Principles to Practice* (pp. 128-158). Springer.

Presas, M., Cid-Leal, P. y Torres-Hostench, O. (2016). Machine translation implementation among language service providers in Spain: A mixed methods study. *Journal of Research Design and Statistics in Linguistics and Communication Science*, *3*(1), 126-144. https://doi.org/10.1558/jrds.30331

Quah, C. K. (2006). *Translation and Technology*. Palgrave Macmillan.

Rico Pérez, C. y García Aragón, A. (2016). *Análisis del sector de la traducción en España (2014-2015)*. Universidad Europea. http://hdl.handle.net/11268/5057

Sánchez Ramos, Mª d. M. y Rico Pérez, C. (2020). *Traducción Automática. Conceptos clave, procesos de evaluación y técnicas de posedición*. Comares.

Specia, L. y Shah, K. (2018). Machine Translation Quality Estimation: Applications and Future Perspectives. En J. Moorkens, S. Castilho, F. Gaspari y S. Doherty (Eds.), *Translation Quality Assessment. From Principles to Practice* (pp. 9-38). Springer.

Statista Research Department. (6 de julio 2022). *Language services industry in the U.S. - statistics & facts*. https://www.statista.com/statistics/257656/size-of-the-global-language-services-market/

Massardo, I. y van der Meer, J. (2017). *The Translation Industry in 2022. A report from the TAUS Industry Summit*. Translation Automation User Society BV. https://cdn2.hubspot.net/hubfs/2734675/Reports,%20ebooks/The%20Translation%20Industry%20in%202022.pdf

Van der Meer, J. (10 de septiembre de 2022). *The Realistic Perspective: Redux*. TAUS the language data network. https://www.taus.net/resources/blog/the-realistic-perspective-redux

Vercher García, E. J. (2021). Traducción automática y posedición: estudio demoscópico en el mercado de la traducción profesional. *Hikma*, *20*(2), 37-67.

Way, A. (2018). Quality Expectations of Machine Translation. En J. Moorkens, S. Castilho, F. Gaspari y S. Doherty (Eds.), *Translation Quality Assessment. From Principles to Practice* (pp. 159-178). Springer.

Lucía Navarro-Brotons

Universitat d'Alacant

Estado de la posedición: características fundamentales y situación del mercado en España

Resumen: Este capítulo pretende ofrecer un panorama general acerca de la posedición en España. Se entiende por posedición la tarea de corrección del texto generado por un motor de traducción automática (UNE-ISO, 2020; Vercher García 2021) cuya finalidad estriba en que el texto cumpla con el nivel de calidad exigido de acuerdo con las exigencias del cliente. En primer lugar, partimos de la propuesta de una definición de posedición de acuerdo con las que ya se han proporcionado en estudios anteriores y establecemos sus características más relevantes. Continuamos con la exposición de la evolución y la implantación que ha ocupado la posedición en España. para, finalmente, ofrecer un panorama de la situación actual del mercado de la traducción en España, promovida por la globalización, la mecanización de los procesos en la profesión del traductor y el avance de la inteligencia artificial (Leiva Rojo, 2018).

Abstract: This chapter aims to provide an overview of post-editing in Spain. Post-editing is known as the task of correcting the text generated by a machine translation system (UNE-ISO, 2020; Vercher García 2021) so that the final target text meets the required level of quality expected by the client's requirements. This paper first offers a definition of post-editing based on those already provided in previous studies and identifies its main features. Then, the evolution and introduction of post-editing in the sector is explored. Finally, the current situation of post-editing in the translation market in Spain, which has been promoted by globalisation and the mechanisation of processes in the translation profession (Leiva Rojo, 2018), is showcased.

Palabras clave: Posedición, situación del mercado, traducción automática, sector de la traducción

Keywords: Post-editing, market situation, machine translation, translation industry

1 Introducción

Desde sus orígenes, la historia de PE ha estado vinculada al desarrollo de la TA y ha evolucionado al ritmo de los sistemas de traducción automatizada, hasta convertirse en una disciplina prácticamente autónoma dentro de este ámbito (Yuste 2012, p. 158). En los años 80 se sitúan las primeras referencias académicas relacionadas con la PE (Vasconcellos y León, 1985). Desde entonces, la PE, tanto desde la teoría como desde la práctica, se ha desarrollado y ha pasado por diferentes etapas hasta llegar a representar actualmente una rama de estudio consolidada en los estudios de traducción (O'Brien y Moorkens, 2014; O'Brien y Simard, 2014; Sánchez Ramos y Rico Pérez, 2020; Gene, 2021).

A pesar de que ya hace unos treinta años se mencionaba el papel del poseditor, como señala Rico (2017), las habilidades, las competencias, las tareas y los procesos relacionados con esta función se deben revisar debido a la creciente importancia de la TA en la última década. Este crecimiento ha sido motivado, en parte, por el uso de las herramientas TAO, que ha ayudado en la exploración de nuevos métodos de producción de traducciones de mayor volumen a menor coste y con la pretensión de mantener la calidad.

Así las cosas, este estudio tiene como objetivo presentar una panorámica general de la situación actual de la PE en el sector de la traducción. En primer lugar, introduciremos los conceptos clave de la PE (§ 2), aproximándonos a su definición y características principales para, posteriormente, delinear la evolución (§ 3) y establecer la situación actual del mercado de la PE en España (§ 4).

2 La posedición: características principales

La PE consiste en editar y corregir un texto procesado por un sistema de TA (UNE-ISO, 2020; Vercher García, 2021, p. 41). Dicha PE puede ser automática o humana. En este capítulo se aborda la PE humana, es decir, aquella realizada por un poseditor humano y cuya finalidad reside en velar por la exactitud y comprensibilidad del texto, mejorarlo, hacerlo más legible y corregir errores. Retomamos aquí, por tanto, la definición propuesta por O'Brien (2011), quien indica que la PE "is the correction of raw machine-translated output by a human translator according to specific guidelines and quality criteria" (O'Brien 2011, pp. 197-198).

Sin duda, la aparición de la PE introduce nuevas perspectivas desde el punto de vista de los Estudios de Traducción (Allen, 2003), puesto que los traductores "never really had to deal with half-finished texts before" (Nitzke y Hansen-Schirra, 2021, p. 10). Por un lado, el TM no debe producirse desde cero. Por otro, una de las principales diferencias entre la PE y la traducción radica en que la PE implica tres textos (TO, texto resultado de la TA, y el TM) mientras que la traducción implica únicamente dos textos, TO y TM.

Aunque existen varios modelos de niveles de PE, en general se distingue entre PE completa (*full post-editing*) y PE rápida (*light post-editing*), como es el caso de TAUS (2010), que se basa en el nivel de calidad para distinguir entre, por un lado, una "traducción humana y revisión de gran calidad", que sería la calidad que debería tener un texto que tuviera que ser publicado y para el que propone una posedición completa. Por otro lado, en caso de tener que obtener un texto final con una calidad menor o considerada suficiente o *fit for purpose*, es decir, que es correcta para la finalidad para la que está concebida, se aplicaría una posedición rápida (PER), donde primaría la comprensión del texto y la precisión del mensaje por encima de otras cuestiones como pueden ser el estilo. Otros autores siguen el mismo esquema, pero con diferente terminología y distinguen entre PER y PE convencional (Löffler-Laurian, citado en Krings, 2001) y PE parcial y PE completa (Krings, 2001). Nunciantini y Marg (2020), por su parte, arguyen que se debe precisar y distinguir entre tres niveles, la PE ligera (PEL), la PE intermedia (PEI) y la PE completa (PEC). El uso de uno u otro nivel depende del objetivo de la traducción, así como de los requisitos del cliente. La flexibilidad que ofrece el hecho de que la PE pueda aplicarse en distintos grados, como apunta Aramberri (2014, p. 472), "dota a la TA de capacidad de adaptación a las diferentes exigencias del mercado". En este sentido, Nitzke, Hansen-Schirra y Canfora (2019, p. 247) indican que "If there is only one or a few target text readers, light or no post-editing might be suitable. If the readership is large, further aspects have to be considered, starting with an estimation regarding the quality level of the final text". Allen (2003, p. 301) incide en esta cuestión y establece que son varios los factores que hay que considerar para aplicar la PE: los requisitos que establece el cliente, el volumen de documentación, la calidad final acordada, el tiempo invertido en el proceso, así como la perecibilidad del texto que traducir y del tipo de información que contiene. La norma UNE-ISO 18587 (2020), es una norma destinada a regular el proceso de PE que establece los objetivos, requisitos del proceso, así como las tareas, competencias y cualificaciones de los poseditores. Incluye anexos informativos sobre la PEC y la PER. Se trata, pues, de una herramienta que no solo define el alcance del uso de la PE, sino que ayuda a establecer unos niveles de homogeneidad del proceso productivo en el sector de la traducción. Por lo que respecta a las reglas de PE, existe un número cada vez mayor de recomendaciones realizadas por asociaciones de traductores, pero no así de metodologías y criterios sobre cómo realizar trabajos de PE, puesto que la mayoría de criterios o pautas no son accesibles por razones de confidencialidad de las empresas que los han diseñado. En España, destacamos la *Guía para profesionales* publicada por la Asociación Española de Traductores, Correctores e Intérpretes, (ASETRAD, 2021, pp. 10-11), que ofrece consejos e informaciones prácticas destinadas, tanto al traductor autónomo que desea realizar PE en el ámbito profesional, como para las empresas.

Entre las recomendaciones destinadas a los profesionales autónomos destacan las siguientes:

- Valorar el texto de partida.
- Examinar el grado de dificultad del TO para calcular el tiempo de documentación necesario.
- Evaluar la calidad y la utilidad de los glosarios de la empresa para nuestro texto.
- Evaluar la calidad del resultado de la TA: si se van a tener que modificar demasiadas cosas para el grado de posedición solicitado, es preferible rechazar el proyecto.
- Asegurarse de que el tipo de PE que piden es adecuado para ese tipo de texto.
- Negociar el tipo de PE y la tarifa según los factores anteriores.

En cuanto a las prácticas idóneas en el ámbito de las empresas, se enumeran las siguientes:

- Contar con motores de traducción automática propios alimentados con memorias de traducción validadas.
- Elegir el tipo de PE adecuado para la finalidad de cada texto antes de encargar el trabajo.
- Editar previamente el texto original antes de que lo procese el motor de TA para eliminar errores tipográficos y de reconocimiento de caracteres, así como posibles ambigüedades.
- Someter al texto, una vez poseditado, a los mismos controles de calidad que cualquier traducción normal.

2.1 Posedición versus revisión

Do Carmo y Moorkens (2020) cuestionan la visión contemporánea de la PE como revisión, basándose en la investigación académica y en las descripciones de prácticas y flujos de trabajo de la industria. Estos autores argumentan que la PE debe considerarse como una forma de traducción y que, por lo tanto, la incorporación de la TA a los flujos de trabajo de traducción requiere, contrariamente a lo que se cree, una especialización aún mayor de los traductores. Al considerar la PE como una forma de traducción, se asume que los traductores deben cumplir unas expectativas de calidad y que la PE es mucho más que cambiar algunas palabras.

La revisión como parte final del proceso de traducción es una práctica ampliamente extendida desde el siglo pasado. Este hecho se ve plasmado en la literatura científica sobre traducción con diversos trabajos que se desarrollaron en las décadas de los 80 y los 90 (Mossop 1982; Arthern, 1983 o Toury, 1995, entre otros). De acuerdo con Koponen, Mossop, Robert y Scocchera (2020), en las últimas décadas la función del revisor se ha formalizado en instituciones como las Naciones Unidas o la Unión Europea. Las normas UNE-EN ISO 17100:2015 (AENOR 2015) y la UNE-EN ISO 17100:2015/A1:2017 (AENOR 2017) explicitan que 1) la revisión consiste en un examen bilingüe del contenido de la lengua de llegada con respecto al contenido de la lengua de partida para comprobar su adecuación al propósito acordado, 2) es obligatoria y 3) debe realizarse por parte de un profesional distinto al traductor. A su vez, la aparición de estas normas atestigua el incremento del uso de la PE en los servicios de traducción y, por tanto, la necesidad de la norma. A pesar de los intentos de estandarización, el término revisión se sigue utilizando todavía también para la revisión que un traductor hace de su propio trabajo. Igualmente, el término revisión se utiliza en los contextos de edición. Sin embargo, cabe matizar la diferencia de la revisión monolingüe que se aplicaría en los trabajos de edición, frente a la revisión bilingüe o comparativa que se lleva a cabo en el ámbito de la traducción. Con la irrupción de la tecnología, encontramos un nuevo factor que afecta a la definición de revisión (Koponen, Mossop, Robert y Scocchera, 2020).

Por su parte, la PE "entered the industrial world of translation when MT systems started to produce content in target languages that was deemed to be of good enough quality to be edited and improved by translators" (Do Carmo y Moorkens, 2020, p. s.d.). Si bien la PE puede definirse, en términos generales y de acuerdo con la norma UNE-EN ISO 17100 (AENOR 2017), como la edición y corrección de los resultados de la TA, no siempre está claro qué prácticas abarca este término. De hecho, no son pocos los autores que han utilizado este término no exclusivamente para la edición y la corrección de los resultados de la TA, sino también para la de los segmentos de las memorias de traducción; tal es el caso de Silva (2014), Moorkens y O'Brian (2017) y Bundgaard y Christensen (2019), entre otros. El hecho de que la TA y las memorias de traducción se integran cada vez más en una misma herramienta está generando que los traductores tengan que comprobar la TH y la traducción resultado de las máquinas. Al mismo tiempo, estas prácticas han difuminado los límites entre traductores, revisores y poseditores tal como los conocíamos hasta hace muy poco.

3 La posedición en España: evolución e implantación

La PE ha estado condicionada desde sus inicios por el desarrollo de la TA y su evolución ha ido ligada al perfeccionamiento y avance de los sistemas de TA (Yuste, 2012; Pérez Macías, 2019). En España este desarrollo ha seguido el ritmo de desarrollo del ámbito internacional (Abaitua, 1999) y se establece la década de los 80 como el punto de partida en el desarrollo de la investigación en TA. En el capítulo 2 de esta obra se realiza una revisión exhaustiva de la evolución y la situación actual de la TA en el sector profesional en España.

Por lo que respecta a la PE, debemos destacar el estudio de Rico y García (2016) en el que se realiza un análisis del sector de la traducción en España. Los resultados que arrojó dicho estudio indicaron que el 12 % de empresas utilizaban la TA acompañada de PE ya entre 2014 y 2015, mientras que entre los traductores autónomos eran una mayoría los que no preveían utilizarla. Por otro lado, se constató que el servicio de PE había experimentado un aumento de la demanda hasta llegar a un 16 %, mientras que la TH y la localización eran los servicios más demandados con un 68 % y un 22 %, respectivamente.

Por otro lado, destacamos el informe ProjecTA (Torres Ostench et al., 2016) que realiza una radiografía de los servicios lingüísticos ofrecidos en el sector de empresas lingüísticas en España en relación con la TA y la PE. Con una muestra de 55 empresas, el 100 % afirmaron realizar TH, el 55 % PE, el 31 % indicaron realizar PE de TA proporcionada por el cliente y el 24 % aseguró realizar preedición de documentos proporcionados por el cliente. En cuanto a las percepciones respecto al uso de la TA y la PE un 53 % se mostraron en contra, mientras que el 47% se mostraron proclives a integrarla. Entre los motivos principales para mostrar una negativa se encuentran, por este orden, la desconfianza hacia la TA, el hecho de que los clientes no la demanden, el rechazo por parte de los propios traductores y otros motivos relativos a la falta de tecnología necesaria y el hecho de que la TA no ofrezca resultados correctos. Por otro lado, aquellas empresas que sí se mostraron proclives a integrar la TA, aludían a que los factores que determinan la decisión de usarla tienen que ver con la propia filosofía de la empresa, así como con factores económicos, pues es necesario realizar una inversión importante, y con las características de la empresa y los tipos de encargos que suele recibir.

4 Estado de la PE en el sector de la traducción

En las últimas décadas y hasta la actualidad, los traductores han ido integrando la tecnología como herramienta de trabajo en su quehacer diario, desde la TAO en la que un traductor humano realiza la traducción con ayuda de un programa informático que le asiste con propuestas de unidades de traducción a partir de memorias de traducción, hasta la TA en la que el propio sistema realiza la traducción automáticamente mediante algoritmos. En relación con esta última, su uso requiere de la PE por parte del traductor, es decir, "una tarea que corrija estos errores y ofrezca así un resultado de calidad que esté acorde con la finalidad del texto meta" (Sánchez Ramos y Rico Pérez, 2020, p. 105).

En el ejercicio profesional del traductor, la investigación llevada a cabo pone en evidencia que son las tareas de TH las que concentran el mayor volumen de la facturación tanto de empresas como de traductores autónomos. Este hecho viene a confirmar que el uso de TA no está tan asentado y que los traductores no han sido sustituidos por estos sistemas (Cid-Leal et al., 2019, pp.192-194). Sin embargo, desde una perspectiva temporal, los resultados de la investigación llevada a cabo en el seno del proyecto de investigación DITAPE permiten observar que hasta 2015 la incorporación de la TA y la PE en las empresas españolas fue relativamente lenta y ha sido a partir de entonces cuando la mayor parte de las empresas del sector que ofrecen estos servicios han pasado a incorporarlos. Entre los autónomos la inclusión de tareas de PE tiene una evolución temporal muy similar y ha experimentado un crecimiento continuado en la última década, con un ritmo más acentuado en los últimos tres años.

Por su parte, la investigación pone en evidencia que cuando se ofrecen servicios con TA prácticamente siempre se ofrecen conjuntamente con PE, e incluso, con revisión de la PE. Este hecho está en consonancia con la opinión de la inmensa mayoría de los profesionales de la traducción que consideran que la TA debe ir acompañada de PE. En este sentido, la mayoría de los traductores autónomos y las empresas de traducción perciben que la PE requiere unas destrezas similares a las de la TH.

En este sentido, existen estudios que señalan la resistencia de los traductores a la PE. Por ejemplo, O'Brien and Moorkens (2014) reflexionan sobre las razones por las que a los traductores no les gusta poseditar; Kelly (2014) trata de explicar las razones por las que los traductores detestan la tecnología. Sin embargo, los traductores cuyo trabajo ha seguido la evolución de la tecnología de la traducción consideran que la PE es un aporte más para la traducción. Otros estudios como los de Moorkens y Way (2016) o Cadwell, O'Brien y Texeira (2018) que también focalizan en el rechazo de los traductores hacia la PE, sugieren que el aumento de la confianza en la utilidad de las sugerencias de la TA por parte de los traductores podría aumentar el uso de esta herramienta. Lo cierto es que la TA y la

PE han sido tema de debate en el ámbito de la traducción y no han estado exentas de mitos como los que recoge Kalantzi (2017, p. 51-52), quien matiza que el hecho de que algunos estudios pongan la atención en que una parte de los traductores no estén a favor de la tecnología, no significa que se pueda generalizar a la mayoría de los traductores (Stafilia, 2016). Igualmente, Kalantzi (2017, p. 52) remarca que existe un mito también alrededor de la PEL y que, aunque no se puede negar su existencia, cabe recordar que no es un tipo de PE que se utilice de manera generalizada en la industria de la traducción. Otro de los mitos asociados a la PE incide en el aumento de la productividad con un descenso de la calidad. Asociado a este mito, encontramos otro directamente relacionado con la bajada de las tarifas. Sin embargo, Kalantzi (2017, p. 52) explica que esto no sucede en el caso de los clientes finales que emplean sus propios sistemas de TA. De hecho, es frecuente que en estos casos no haya una bajada de tarifas por PE, sino que los traductores cobran sus tarifas habituales. En resumen, los estudios que ponen de relieve el rechazo hacia la PE se suelen centrar en una visión industrial de la PE como una labor de revisión de bajo coste y escasa cualificación.

En todo caso, es incuestionable que el cambio que ha supuesto en el mercado de la traducción la implementación de la TA y la PE ha llevado a que las empresas incorporen paulatinamente estos servicios. De acuerdo con la investigación llevada a cabo por el equipo DITAPE, las empresas españolas señalan como motivo principal la reducción de costes, también indican que estas herramientas facilitan la gestión de algunos proyectos y que, en algunos casos, son los propios clientes los que requieren la utilización de la TA o la PE. Los autónomos que utilizan la TA y la PE indican que lo hacen principalmente porque lo solicitan sus clientes y, en segundo lugar, por la posibilidad que brindan estas herramientas para poder abarcar un mayor volumen de trabajo de forma más rápida. A pesar de ello, el principal motivo que aducen tanto las empresas como los autónomos que no ofrecen TA es la desconfianza hacia la calidad de la traducción final. Señalan ambos colectivos que los textos resultantes tras la utilización de la TA y la PE puedan tener una calidad inferior. En un segundo nivel de motivos se encuentra la falta de costumbre, ya que indican que realizan sus encargos de modo correcto sin necesidad de recurrir a la TA. Además, aluden a motivos vinculados a la eficiencia de la producción ya que piensan que la implementación de la TA requiere más trabajo que la TH, genera menor rentabilidad o implica reducción de beneficios. Este último argumento, lo tienen poco en cuenta las empresas o autónomos que ya realizan TA o PE. Por último, la falta de medios y de conocimiento debida a la falta de formación se sitúan en un tercer nivel de importancia, tanto entre empresas como autónomos.

En relación con las tarifas, la investigación llevada a cabo evidencia que, de forma generalizada, empresas y autónomos presupuestan mayoritariamente la PE por palabras frente a una minoría que lo hace por horas. En relación con la fluctuación de las tarifas, cerca de la mitad de los profesionales indica haber percibido un descenso en las tarifas del sector. Se identifica un aumento de la competitividad y de las presiones del cliente como las principales causas de la bajada de las tarifas en el sector. Sin embargo, al mismo tiempo, quienes trabajan con la TA y PE defienden que, si bien el precio por palabra para la TA y PE es más bajo, el volumen de traducciones aumenta y, por ende, también lo hace la facturación.

5 Conclusiones

La evolución de la PE en España ha seguido el camino marcado por el desarrollo de los sistemas de TA, que han experimentado un avance destacado en los últimos años. La adaptación de la TA por parte de las empresas de traducción ha originado una rápida adaptación de los traductores hacia la adquisición de nuevas competencias para poder llevar a cabo las tareas que incluye la PE.

El análisis de la situación del mercado de la traducción nos lleva a concluir que la TA y la PE se reconocen como una realidad existente y extendida que ha ido adquiriendo relevancia a pesar de que la percepción y los propios hábitos de los traductores muestran que la TH sigue jugando un papel central en la facturación del sector. En este sentido, se corrobora que las herramientas de tecnología de la traducción son ya una realidad y todo apunta a que lo seguirán siendo en el futuro próximo de la traducción. La creciente demanda de traducciones, con plazos cada vez más cortos y precios más competitivos, junto con el desarrollo de las tecnologías de traducción afectará directamente a la PE. Parece evidente, por tanto, que la PE de calidad sobre los resultados de la TA debe ser una apuesta firme en el sector. Este hecho se ve de forma positiva por el perfil de empresa en relación a la viabilidad del negocio. Además, trabajar con estos procesos les permite gestionar de forma más rápida y productiva los proyectos, especialmente aquellos más complejos que no podrían llevarse a cabo de otra forma. El perfil de los autónomos, por su parte, es mucho más crítico con el uso de la TA y la PE. Esto quizás se produce debido a que "la industria limita su competencia a la validación de segmentos ya traducidos automáticamente, es decir, a editar y aceptar segmentos en la lengua de llegada traducidos de manera automática" (Sánchez Gijón, 2016), por lo que la actuación del traductor debe extenderse más allá de la simple validación de segmentos.

Bibliografía

Abaitua, J. (1999). Quince años de traducción automática en España. *Perspectives: Studies in Translatology*, 7, 221-230.

AENOR (2015). *Servicios de traducción. Requisitos para los servicios de traducción.* AENOR.

AENOR (2017). Servicios de traducción. Requisitos para los servicios de traducción. Codificación 1. (ISO 17100:2015/Amd 1:2017). AENOR.

Allen, J. (2003). Post-editing. En H. Somers (Ed). *Computers and Translation: A translator's guide* (pp. 297-318). John Benjamins.

Arthern, P. J. (1983). Judging the quality of revision. *Lebende Sprache*, 2, 53–7.

Aramberri, N. (2014). Posedición, productividad y calidad. *Revista Tradumàtica: tecnologies de la traducció*, 12, 471-477.

ASETRAD (2021). *Posedición. Guía para profesionales.* https://asetrad.org/recursos/GuiaPosedicion_Asetrad_v1.2_280421_web.pdf

Bundgaard, K. y Paulsen Christensen T. (2019). Is the concordance feature the new black? A workplace study of translators' interaction with translation resources while post-editing TM and MT matches. *Journal of Specialised Translation*, 31, 14-37. https://jostrans.org/issue31/art_bundgaard.pdf

Cadwell, P., O'Brien, S. y Teixeira, C.S.C. (2018). Resistance and Accommodation: Factors for the (Non-) Adoption of Machine Translation among Professional Translators. *Perspectives: Studies in Translatology, 26*(3), 301-321. 10.1080/0907676X.2017.1337210

Cid-Leal, P., Espín-García, M.-C., y Presas, M. (2019). Traducción automática y posedición: Perfiles y competencias en los programas de formación de traductores. *MonTI*, 11, 187-214. https://doi.org/10.6035/MonTI.2019.11.7

Do Carmo, F.y Moorkens, J. (2020). Differentiating Editing, Post-Editing and Revision. En M. Koponen, M., B. Mossop, I. S. Robert y G. Scocchera (Eds.), *Translation revision and post-editing* (pp. 50-70). Routledge.

Gene, V. (2021). The Post-Editing Workflow: Training Challenges for LSPs, Post-Editors and Academia. *Translation and Interpreting Technology Online*, 187-198. https://doi.org/10.26615/978-954-452-071-7_022

Kalantzi, D. (2017). MT and Post-Editing from a Translator's Perspective. En J. Esteves-Ferreira, J. Macan, R. Mitkov y O. M. Stefanov (Eds.), *Translating and the Computer 39. Proceedings* (pp. 51-54). Asling.

Kelly, N. (19 de junio de 2014). Why So Many Translators Hate Translation Technology. *The Huffington Post*. https://www.huffingtonpost.com/nataly-kelly/why-so-many-translators-h_b_5506533.html

Koponen, M. (2015). How to teach machine translation post-editing? Experiences from a post-editing course. En S. O'Brien y M. Simard (Eds.), *Proceedings of 4th Workshop on Post-Editing Technology and Practice (WPTP4)* (pp. 2-15). Association for Machine Translation in the Americas. https://amtaweb.org/wp-content/uploads/2015/10/MTSummitXV_WPTP4Proceedings.pdf

Koponen, M., Mossop, B., Robert, I.S. y Scocchera, G. (2020). Introduction. En M. Koponen, B. Mossop, Robert, I. S. y G. Scocchera (Eds.), *Translation, revision and post-editing* (pp. 1-17). Routledge.

Krings, H. P. (2001). Machine Translation in Practice: Problems and Approaches to Soluctions. En Hand P. Krings y G. S. Koby (Ed./traductor), *Repairing texts: Empirical investigations of machine translation post-editing process* (pp. 28-65). The Kent State University Press.

Leiva Rojo, J. (2018). Aspects of human translation: the current situation and an emerging trend. *Herměneus. Revista de traducción e interpretación*, 20, 257-294. https://doi.org/10.24197/her.20.2018.257-294

Moorkens, J. y O'Brien, S. (2017). Assessing user interface needs of post-editors of machine translation. En D. Kenny (Ed.), *Human Issues in Translation Technology: The IATIS Yearbook* (pp. 109–30).

Moorkens, J. y Way, A. (2016). Comparing Translator Acceptability of TM and SMT Outputs. *Baltic Journal of Modern Computing Modern Computing, 4*(2), 141–51.

Mossop, B. (1982). A procedure for self-revision. *Terminology Update, 15*(3), 6.

Nitzke, J., Hansen-Schirra, S. y Canfora, C. (2019). Risk management and post-editing competence. *The journal of Specialised Translation*, 31, 239-259. https://jostrans.org/issue31/art_nitzke.pdf

Nitzke, J. y Hansen-Schirra, S. (2021). *A short-guide to post-editing.* (Translation and Multilingual Natural Language Processing, 16). Language Science Press. 10.5281/zenodo.5646896

Nunciantini, M. y Marg, L. (2020). Machine translation post-editing levels: breaking away from the tradition and delivering a tailored service. En Martins *et al.* (Eds.), *Proceedings of the 22nd Annual Conference of the European Association for Machine Translation* (pp. 309-318), European Association for Machine Translation.

O'Brien, S. (2002). Teaching Post-editing: A Proposal for Course Content. En *Proceedings of 6th EAMT: Workshop Teaching Machine Translation* (pp. 99-106). European Association for Machine Translation.

O'Brien, S. (2011). Towards predicting post-editing productivity. *Machine Translation,* 25, 197–215. https://doi.org/10.1007/s10590-011-9096-7

O'Brien, S. (2012). Translation as human–computer interaction. *Translation Spaces*, 1(1), 101–122. https://doi.org/10.1075/ts.1.05obr

O'Brien, S. y Moorkens, J. (2014). Towards Intelligent Post-Editing Interfaces. En. W. Baur, B. Eichner, S. Kalina, N. Keßler, F. Mayer y J. Ørsted (Eds.), *Proceedings of FIT XXth World Congress 2014* (pp. 131-137). BDÜ Fachverlag.

O'Brien, S. y Simard, M. (2014). Introduction to special issue on post-editing. *Machine Translation*, 28, 159-164. https://doi.org/10.1007/s10590-014-9166-8

Pérez Macías, L. (2019). La traducción automática y la posedición en España: una visión retrospectiva sobre su implantación y evolución.

Entreculturas: revista de traducción y comunicación intercultural, 10, 43-55. https://doi.org/10.24310/Entreculturasertci.v1i10.9570

Rico, C. (2017). La formación de traductores en traducción automática. *Tradumàtica: Tecnologies de la Traducció*, 15, 75-96. https://doi.org/10.5565/rev/tradumatica.200

Rico, C. y García, Á. (2016): *Análisis del sector de la traducción en España* (2014-2015). Universidad Europea de Madrid.

Rico, C. y Torrejón, E. (2012). Skills and Profile or the New Role of the Translator as MT Post-editor. *Revista Tradumàtica: tecnologies de la traducció*, 10, 166–178.

Sánchez Gijón, P. (2016). La posedición: hacia una definición competencial del perfil y una descripción multidimensional del fenómeno. *Sendebar, Revista de Traducción e Interpretación*, 7, 151-162. https://doi.org/10.30827/sendebar.v27i0.4016

Sánchez Ramos, M. M. y Rico Pérez, C. (2020). *Traducción automática: conceptos clave, procesos de evaluación y técnicas de posedición*. Editorial Comares.

Silva, R. (2014). Integrating post-editing MT in a professional translation workflow. En S. O'Brien, L. Winther Balling, M. Carl, M. Simard y L. Specia (Eds), *Post-Editing of Machine Translation: Processes and Applications* (pp. 24–50). Cambridge Scholars Pubishing.

Stafilia, D. (14 de noviembre de 2016). *Translating Europe Forum 2016: A lot of talk about technology*. https://blog.peempip.gr/tef-2016-technology/

TAUS (2010). Machine Translation Post-editing Guidelines. Informe técnico.

Torres-Hostench, O., Presas, M. y Cid-Leal, P. (coords.) (2016). *El uso de traducción automática y posedición en las empresas de servicios lingüísticos españolas: Informe de investigación ProjecTA 2015*. Bellaterra. https://ddd.uab.cat/record/148361

Toury, G. (2012). *Descriptive Translation Studies—and Beyond.* John Benjamins. https://doi.org/10.1075/btl.100

UNE-ISO. (2020). Servicios de traducción. Posedición del resultado de la traducción automática. Requisitos. (UNE-ISO 18587:2020).

Vasconcellos, M. y León, M. (1985). SPANAM and ENGSPAN: Machine translations at the Pan American Health Organization. *Computational*

Linguistics, *11*(2-3), 122-136. https://dl.acm.org/doi/10.5555/1187874.1187878#sec-cit

Vercher García, E. J. (2021). La traducción automática y posedición: estudio demoscópico en el mercado de la traducción profesional. *Hikma*, *20*(2), 37-67.

Yuste, E. (2012). La posedición en el flujo de producción de contenido multilingüe: tendencias, actantes e implicaciones tecnológicas. *Revista Tradumàtica. Tecnologies de la traducció*, 10, 157-165.

Beatriz Cerezo Merchán

Universitat de València

Entre la irrupción y la disrupción. Percepciones sobre el impacto de la traducción automática en el sector de la traducción profesional

Resumen: El presente capítulo realiza una incursión metodológica en la vertiente socioprofesional del proyecto DITAPE y evalúa los primeros resultados fruto de la distribución del instrumento de recogida de datos cuantitativos entre las muestras poblacionales correspondientes a traductores autónomos y agencias de traducción. En primer lugar, se exponen los fundamentos metodológicos del estudio y se presentan tanto el diseño y la distribución de nuestro cuestionario como los criterios de selección y técnicas de captación de las poblaciones objeto de estudio. En segundo lugar, se procede al análisis estadístico, de tipo descriptivo y comparativo, de los datos recabados en ambos grupos en cuanto a su perfil socioprofesional, sus percepciones y opiniones referentes a la TA y la PE, su formación en materia tecnológica y su percepción sobre el impacto de la TA en la formación de traductores.

Abstract: This chapter delves into the socio-professional dimension of DITAPE and presents the preliminary results after the distribution of our quantitative data collection instrument among freelance translators and translation agencies. Firstly, the methodological grounds of the study are presented, as well as the design and distribution of our questionnaire, the selection criteria and the techniques used to sample the populations under study. Secondly, a descriptive, comparative statistical analysis of the data collected from both groups is made to assess their socio-professional profile, their perceptions and opinions regarding MT and PE, the role of continuing professional development and the training of participants both in terms of technology and MT and their perceptions on the impact of MT on the education of future translators.

Palabras clave: traducción automática, cuestionarios, investigación cuantitativa, perfil socioprofesional, percepciones sobre la TA y la PE, traductores autónomos, agencias de traducción

Keywords: machine translation, questionnaires, quantitative results, socio-professional profile, perceptions on MT and PE, freelance translators, translation companies

1 Introducción

Los capítulos que presentamos a continuación (capítulo 4 y capítulo 5) estudian en profundidad el uso y las percepciones de la TA y la PE por parte de dos de los grupos objeto de estudio del proyecto: traductores autónomos y empresas proveedoras de servicios de traducción con sede en España. Para ello, presentamos, comparamos e interpretamos los datos cuantitativos recabados en los cuestionarios distribuidos entre ambos grupos. En este primer capítulo recordaremos brevemente la naturaleza metodológica de la investigación planteada en DITAPE y expondremos tanto el diseño y la distribución de nuestro cuestionario como los criterios de selección y las técnicas de captación de las poblaciones objeto de estudio.

En segundo lugar, pasaremos al análisis estadístico-descriptivo de los datos recabados. El análisis se presenta en cinco bloques divididos en ambos capítulos, los cuales coinciden con las diferentes secciones temáticas y conceptuales del cuestionario. Así pues, el primer capítulo profundiza en 1) el perfil demográfico y profesional de los encuestados, 2) su percepción de la TA y la PE y 3) su formación en TA y PE. En el segundo, nos centraremos en los dos bloques restantes: 4) las tareas y usos que desarrollan mediante TA y PE y 5) sus percepciones en cuanto a tarifas y prácticas profesionales.

2 Metodología de la investigación

La metodología del proyecto bebe directamente de la empleada anteriormente por miembros del equipo DITAPE como Cerezo Merchán (2012) o Martínez-Carrasco (2017) en sus respectivos estudios sobre distintas variedades de la traducción. Tal y como se plantea en el capítulo 1 de esta monografía, la investigación de DITAPE tiene un carácter socioeducativo y profesional, ya que se basa y tiene impacto tanto en la realidad educativa (la formación que se oferta en la universidad en materia de TA y de tecnologías de la traducción) como en la social (usos, percepciones y prácticas profesionales relacionados con la TA y las tecnologías de la traducción en el sector profesional).

Por las características de nuestra investigación, nos hemos decantado por la adopción de un enfoque mixto (Brannen, 2005) que se materializa, tal y como se explica en los capítulos introductorios, en dos etapas diferenciadas: una investigadora, de carácter socioprofesional, y una docente. A su vez, dicha dimensión socioprofesional se divide en dos fases: una primera fase cualitativa y una segunda cuantitativa. Las fases no son experimentales, ya que en ellas no planteamos ninguna manipulación controlada de los sujetos. Sí son empírico-descriptivas ya que, a través de distintos instrumentos, recogemos datos reales y actuales (Williams y Chesterman, 2002, p. 60) para acercarnos a una realidad social dada desde una óptica exploratoria. Así, profundizamos en ella, la interpretamos y la describimos con el fin de establecer regularidades o tendencias únicamente válidas para esa realidad.

Cabe destacar que, puesto que estamos ante un estudio exploratorio y descriptivo, este es también inductivo; es decir, no partimos de hipótesis que queramos corroborar o refutar, sino de los objetivos e interrogantes que se plantean en el capítulo 1 de este volumen y que nos permiten acercarnos a nuestro objeto de estudio sin condicionamientos que puedan inhibir nuestra capacidad de comprensión (Corbetta, 2003, p. 46). Así, como exponemos en los capítulos introductorios, para estudiar nuestra realidad (usos y percepciones de la TA y las tecnologías de la información en la industria y la academia), hemos empleado diversas estrategias cuantitativas y cualitativas, a partir de las cuales hemos diseñado el instrumento de recogida cuantitativa de datos (cuestionario) que se aplicó en la segunda fase del proyecto y cuyos resultados comentaremos a continuación.

Por último, cabe mencionar que nuestro estudio se enmarca en el paradigma de la investigación-acción, caracterizado por la circularidad del diseño de la investigación. Con él, se pretende profundizar en el conocimiento de una situación, aplicar cambios y evaluarlos posteriormente (MacIsacc, 1996). En nuestro caso, acercarnos a una realidad de estudio determinada, investigarla, describirla e interpretarla nos permitirá redundar en el sector de la traducción, sus prácticas habituales y sus expectativas de futuro.

A modo de resumen, podemos decir que DITAPE plantea un estudio de naturaleza mixta que se caracteriza por ser exploratorio, empírico-descriptivo, utilizar técnicas de recogida de datos cualitativas y cuantitativas y por acogerse el paradigma de la investigación-acción.

En cuanto a las estrategias de obtención de datos, hemos recurrido de manera coordinada y complementaria, como apuntábamos anteriormente, a la recopilación y el análisis de información teórica, a las entrevistas y a los cuestionarios, si bien a lo largo de este capítulo y el siguiente nos centraremos en los resultados de estos últimos. Nuestra intención es tener una visión de conjunto del estado de la cuestión a través de datos heterogéneos y fiables que posteriormente aplicaremos no solo a la mejora de la formación de traductores sino también con la intención de proponer un debate informado con la profesión y sus protagonistas. Esta forma de trabajo recibe el nombre de *triangulación metodológica*, que en nuestro estudio hemos aplicado en los siguientes niveles (Arias, 2000; Mariño, 2006): triangulación de estrategias de obtención de datos (recopilación y análisis de información teórica a través de la bibliografía y el vaciado de guías docentes, entrevistas como estrategia cualitativa y cuestionarios como estrategia cuantitativa), triangulación de investigadores (el proyecto DITAPE cuenta con la participación de siete miembros investigadores y docentes) y triangulación de fuentes de datos (tres grupos poblacionales: traductores autónomos, empresas y docentes).

3 Diseño y distribución del cuestionario

Como hemos apuntado ya, aunque en nuestra investigación empleamos dos instrumentos de obtención de datos (entrevistas y cuestionarios), en esta publicación nos centramos únicamente en la parte cuantitativa, es decir, la distribución de los cuestionarios. El cuestionario es un instrumento de recogida de datos esencial dentro del campo de las ciencias sociales que consiste en una serie de preguntas o ítems sobre un problema o cuestión que deseamos investigar (Del Rincón *et al.*, 1995). Por cuestiones de practicidad, el cuestionario empleado en nuestra investigación fue de tipo electrónico.

Por lo que respecta al diseño del instrumento, como ya hemos apuntado con anterioridad, este partió de los resultados del trabajo teórico y de las entrevistas que se habían realizado previamente. Todas las preguntas se redactaron atendiendo a criterios de brevedad, objetividad, sencillez y precisión (Iarossi, 2005) y se plantearon como preguntas de respuesta cerrada (por oposición a preguntas de respuesta abierta, que permiten a los sujetos escribir su respuesta libremente). Las preguntas formuladas respondieron a dos tipos: elección múltiple (que a su vez se subdividen en preguntas que solo permiten elegir una opción de respuesta y en preguntas que permiten marcar varias opciones de respuesta) y de escalas de intensidad (que estructuran las opiniones según grados de un *continuum*).

En cuanto a la secuenciación y el orden de las preguntas de los cuestionarios, seguimos un sistema de embudo (Rodríguez Fernández *et al.*, 2005, p. 40), de manera que pasáramos de preguntas más generales a preguntas más específicas o de más fáciles a más difíciles dentro de los distintos bloques del cuestionario. Los bloques del cuestionario para agencias de traducción y traductores autónomos fueron los siguientes: perfil profesional, percepción de la TA y la PE, la formación en TA y PE, tareas y usos de la TA y PE y tarifas y prácticas profesionales.

Adicionalmente, al principio del cuestionario se incluyó una breve explicación de los objetivos del estudio, la naturaleza anónima del cuestionario y el tiempo estimado para su realización (en torno a los 12 minutos). Al final del mismo se ubicaron las preguntas de naturaleza demográfica, más fáciles y rápidas de responder, justo cuando los participantes se suelen encontrar más cansados.

Por último, y a pesar de no contar con una validación *per se*, los tres cuestionarios fueron elaborados y revisados en múltiples ocasiones por los miembros del equipo en colaboración con la empresa de estudios de mercado GfK GmbH para garantizar su calidad y adecuación a los objetivos de la investigación.

4 Poblaciones objeto de estudio: criterios de selección y técnicas de captación

4.1 Criterios de selección

La población de un estudio se puede definir como el conjunto de individuos que cumplen determinados criterios que el investigador ha establecido previamente (Saumure y Given, 2008, p. 644). En el proyecto DITAPE, como ya hemos mencionado, contamos con tres grupos poblacionales: profesores con docencia de traducción o tecnologías de la traducción, traductores profesionales y empresas que ofrecen servicios de traducción.

A continuación, presentamos los criterios de selección establecidos para los grupos de traductores y agencias de traducción, que son aquellos en los que nos centramos en este volumen.

4.1.1 Traductores profesionales

Los traductores participantes en la investigación debían cumplir los siguientes requisitos: 1) tener su residencia fiscal en España, 2) pertenecer, en la medida de lo posible, a alguna asociación profesional y 3) ser trabajadores por cuenta propia. Se procuró contar con la participación de traductores de distintas zonas del Estado español.

La decisión de que en el estudio solo participaran traductores autónomos fue deliberada, pues pensamos que, en mayor o menor medida, las respuestas de los traductores en plantilla podrían estar contaminadas por la óptica y las formas de trabajo de la empresa concreta para la que trabajasen.

4.1.2 Agencias de traducción

Los criterios básicos de inclusión de agencias en el estudio fueron los siguientes: 1) que ofrecieran servicios de traducción, 2) que su residencia fiscal estuviera en España, 3) que contaran con una web corporativa y 4) que, en la medida de lo posible, estuvieran asociadas a ANETI (Asociación Nacional de Empresas de Traducción e Interpretación) y ASPROSET (Asociación Sectorial de Proveedores de Servicios de Traducción). Estos dos últimos criterios de selección garantizaban la seriedad y la profesionalidad de las empresas. Adicionalmente, aunque no fuera un criterio de inclusión o exclusión en la muestra, se procuró contar con heterogeneidad de tamaños y de ubicaciones geográficas dentro de la muestra.

4.2 Técnicas de captación

Para la selección de los participantes no seguimos ninguna técnica probabilística de muestreo, sino que aplicamos los criterios anteriores e intentamos alcanzar el mayor número de participantes. Por la naturaleza del estudio, no estábamos interesados en la generalización de los resultados ni en la representatividad estadística de la muestra. Más bien, queríamos alcanzar la máxima heterogeneidad dentro de cada grupo poblacional, es decir, un tipo de representatividad sociológica no motivada por fórmulas matemáticas, sino por el juicio propio de los investigadores al objeto de incorporar al estudio diversos aspectos de una realidad diversa (Corbetta, 2003, p. 51).

Tras aplicar los criterios de inclusión y exclusión correspondientes, se distribuyó el cuestionario a través de listas de distribución profesionales, asociaciones de traductores y grupos de traductores en redes sociales. En el caso de las empresas de traducción, por ser menores en número si las comparamos con la población de traductores autónomos[1], se contactó también con la ANETI y se complementó su ayuda con el contacto directo a las empresas, a puerta fría. En total, 68 traductores autónomos y 50 representantes de empresas de traducción tuvieron un papel activo en la recogida de datos. El perfil de ambas muestras se describe a continuación.

5 Perfil de la muestra

5.1 Datos generales

Como puede observarse en la Tabla 1 abajo, tanto en el Grupo 1 (traductores autónomos) como en el Grupo 2 (agencias de traducción), fueron mujeres las que, mayoritariamente, contestaron al cuestionario. En el caso del Grupo 1, la cifra llegó incluso al 73,5 % de la muestra (n = 50). El porcentaje de encuestados es coherente con la distribución de género que hace la CRUE de los egresados de los planes de estudios de TeI de España, en su mayoría mujeres[2].

1 Según la ANETI, el informe "Análisis Plimsoll de Servicios de traducción e interpretación" estima que, en 2021, había en España 460 empresas de traducción. Estudios internos de la asociación, sin embargo, elevan esa cifra a 748 empresas. [Ver: https://aneti.es/cuantas-empresas-de-traduccion-existen-en-espana/]. Respecto al número de autónomos, el INE los cifraba en 2020 en 9000 traductores. [Último acceso: 1 de octubre de 2022].

2 Los diferentes informes de la CRUE, a lo largo de los años, pueden consultarse en https://www.crue.org/publicacion/espanola-en-cifras/ [Último acceso: 1 de octubre de 2022].

En cuanto a la edad de ambas muestras, vemos que la edad media de los encuestados es similar en ambos casos y se sitúa en los 46,88 años para el Grupo 1 (SD = 9,67) y los 49,17 para el Grupo 2 (SD = 11,47). El conjunto de encuestados tiene, así pues, experiencia consolidada en el mercado laboral y, en concreto, en el sector de la traducción. Este último dato podemos corroborarlo a partir del número de años que han dedicado a la traducción. En ambos casos, la opción mayoritaria de ambas muestras fue de entre 16 y 30 años [45 % (n = 32); 42 % (n = 21), respectivamente]. Por último, en cuanto a la edad de los encuestados, se aprecia que aquellos del Grupo 2 son, en suma, ligeramente mayores que los del Grupo 1. Así, y pese a que la edad media de los encuestados es similar, en el caso del Grupo 2 encontramos una mayoría de sujetos [40 % (n = 20)] de más de 55 años.

En cuanto a su formación, encontramos una clara diferencia entre ambos grupos. Por una parte, entre los traductores *freelance* el perfil predominante es el del traductor con grado o licenciatura en TeI [67,6 % (n = 46)]; mientras que, entre los trabajadores de agencias de traducción, el porcentaje de licenciados en TeI y el porcentaje de licenciados en alguna filología es algo más parecido [38 % (n = 19) y 28 % (n = 14), respectivamente]. Es probable que el hecho de que el Grupo 2 sea algo mayor en cuanto a edad tenga una relación directa con la formación que muestran sus encuestados. Al fin y al cabo, la popularización (y proliferación) de las licenciaturas en TeI en España no tuvo lugar hasta finales de los años noventa y principios de los 2000, con lo que los profesionales de la traducción de más edad han tenido que buscar, por fuerza, rutas alternativas para desarrollar su carrera como traductores.

Destaca, asimismo, el elevado porcentaje de traductores sin una formación tradicional en estudios lingüísticos [Grupo 1: 18 % (n = 19); Grupo 2; 32 % (n = 16)]. En una profesión no regulada como la traducción donde, por su razón de ser, la intersección con otras disciplinas es clave, no es infrecuente ver personas con formación en un campo del conocimiento determinado (Medicina, Derecho, etc.) reciclarse profesionalmente y convertirse en traductores[3].

3 De hecho, el debate sobre la ruta formativa más deseable para un traductor (formación en traducción + especialización posterior en un campo determinado o formación en el campo + énfasis posterior en las lenguas y la traducción) es

Tabla 1. Perfil de la muestra. Datos generales.

	Grupo 1 (Autónomos) n = 68	**Grupo 2 (Agencias)** n = 50
Género		
Hombre	23,5 % (n = 16)	38 % (n= 19)
Mujer	73,5 % (n = 50)	62 % (n= 31)
NS/NC	3 % (n = 2)	-
Edad	**M = 46,88 (SD = 9,67)**	**M = 49,17 (SD = 11,47)**
De 18 a 34	11,7 % (n = 8)	12 % (n = 6)
De 35 a 44	32,4 % (n = 22)	22 % (n = 11)
De 45 a 54	30,9 % (n = 21)	26 % (n = 13)
55 o más años	25 % (n = 17)	40 % (n = 20)
Estudios		
Traducción e Interpretación	67,6 % (n = 46)	38 % (n = 19)
Filología	17,6 % (n = 12)	28 % (n = 14)
Humanidades	11,8 % (n = 8)	4 % (n = 2)
Lingüística aplicada	4,4 % (n = 3)	8 % (n = 4)
Otras disciplinas	28 % (n = 19)	32 % (n = 16)
No tiene estudios superiores	5,9 % (n = 4)	6 % (n = 3)
Años dedicados a la traducción		
5 o menos	11,9 % (n = 8)	10 % (n = 5)
Entre 6 y 15	32,4 % (n = 22)	26 % (n = 13)
Entre 16 y 30	47 % (n = 32)	42 % (n = 21)
Más de 30	7,4 % (n = 5)	18 % (n = 9)
NS/NC	1,5 % (n = 1)	4 % (n = 2)

5.2 Distribución geográfica y tipología de clientes

Si atendemos a la procedencia geográfica de los encuestados, la Tabla 2 abajo nos muestra la distribución de ambos grupos por comunidad autónoma. En el caso del Grupo 2, las empresas de traducción, la concentración empresarial en las grandes capitales españolas hace que la distribución sea menor. De hecho, el 60 % de los encuestados reside bien en

todavía, hoy en día, un tema de debate candente en determinados ámbitos de traducción especializada como la traducción jurídica.

Cataluña (34 %, n = 17) o en Madrid (26 %, n =13), seguidos de cerca por la Comunidad Valenciana (10 %, n = 5). En el caso de los traductores autónomos, la movilidad geográfica que supone la traducción por cuenta propia hace que encontremos más representación de otras comunidades autónomas (Canarias, Asturias, Islas Baleares) y mayor dispersión entre los encuestados. Aun así, tanto Madrid (29,4 %, n = 20) como la Comunidad Valenciana (11,8 %, n =8) siguen siendo las autonomías con más encuestados. Tras ellas vendría Andalucía (14,7 %, n = 10) y Castilla-La Mancha (5,8 %, n = 4).

Tabla 2. Perfil de la muestra. Ubicación geográfica.

	Grupo 1 (Autónomos) n = 68	**Grupo 2 (Agencias)** n = 50
Residencia		
Cataluña	4,4 % (n = 3)	34 % (n = 17)
Com. Madrid	29,4 % (n = 20)	26 % (n = 13)
Com. Valenciana	11,8 % (n = 8)	10 % (n = 5)
Andalucía	14,7 % (n = 10)	8 % (n = 4)
Galicia	4,4 % (n = 3)	8 % (n = 4)
País Vasco	3 % (n = 2)	4 % (n = 2)
Castilla y León	1,5 % (n = 1)	2 % (n = 1)
Aragón	4,4 % (n = 3)	2 % (n = 1)
Castilla-La Mancha	5,8 % (n = 4)	2 % (n = 1)
Canarias	4,4 % (n = 3)	-
Asturias	3 % (n = 2)	-
Islas Baleares	3 % (n = 2)	-
Extranjero	10,3 % (n = 7)	4 % (n = 2)
Tipología de clientes		
Empresas privadas españolas	60,3 % (n = 41)	88 % (n = 44)
Empresas privadas extranjeras	48,5 % (n = 33)	56 % (n = 28)
Empresas de servicios lingüísticos extranjeras	57,4 % (n = 39)	30 % (n = 15)
Empresas de servicios lingüísticos españolas	55,9 % (n = 38)	24 % (n = 12)
Personas particulares, no empresas	33,8 % (n = 23)	36 % (n = 18)

	Grupo 1 (Autónomos) n = 68	Grupo 2 (Agencias) n = 50
Instituciones públicas estatales y autonómicas	14,7 % (n = 10)	38 % (n = 19)
Instituciones de la Unión Europea	7,4 % (n = 5)	14 % (n = 7)
Instituciones internacionales, no UE	7,4 % (n = 5)	10 % (n = 5)
Otros	5,9 % (n = 4)	2 % (n = 1)
NS/NC	2,9 % (n = 2)	2 % (n = 1)

Respecto a la tipología de clientes, la Tabla 2 da cuenta también de la variada casuística que se da entre los encuestados. La diferencia más significativa entre ambos grupos radica, lógicamente, en su interacción con otras empresas de traducción, tanto españolas como extranjeras. Si bien se trata de dos de los tres clientes más significativos para los traductores autónomos del Grupo 1 [(57,4 % (n = 39); 55,9 % (n = 38), respectivamente], la incidencia para los encuestados del Grupo 2 se reduce a la mitad [(30 % (n = 15), 24 % (n = 12)]. Al fin y al cabo, hemos de tener en cuenta que la competencia entre los distintos proveedores de servicios lingüísticos por dar mayor cobertura en el mercado (y extraer, consecuentemente, mayores beneficios) desincentiva la colaboración entre agencias. Además, al haber dos intermediarios entre el cliente final y el traductor (ambas agencias) el margen de beneficios es siempre mucho menor.

Independientemente de su interacción con (otras) empresas del sector, las empresas privadas (tanto españolas como extranjeras) se presentan como el principal cliente de ambas muestras poblacionales, seguidas, como hemos visto, de otras empresas del sector, clientes particulares y, por último, instituciones españolas y extranjeras.

5.3 Volumen de facturación anual

Los datos referidos a la facturación anual de los encuestados se muestran en la Tabla 3. Para el Grupo 1, la franja de entre 20 mil y 30 mil euros anuales parece ser la más habitual (23 %, n = 16), seguida de la franja más baja de la encuesta, la de menos de 10 mil euros anuales (16,2 %, n = 11). El resto de intervalos alrededor de la franja principal (esto es, de 10 a 20 mil euros, de 30 a 40 mil euros y de 40 a 50 mil euros) comparten un 14,7 % (n = 10) de incidencia. Teniendo en cuenta la composición de la muestra (n = 68) podemos afirmar que la distribución entre las cinco primeras opciones ("menos de 10 mil euros" a "de 40 mil a 50 mil euros") es, con entre diez y dieciséis encuestados, bastante uniforme.

Respecto al Grupo 2, las respuestas parecen estar algo más concentradas. En cuanto al volumen de facturación de las empresas que participaron en la encuesta, la mayoría (34 %, n = 17) se sitúa en la franja de entre 100 a 500 mil euros anuales, seguido, aunque con una diferencia notable (16 %, n = 8), por la siguiente franja en la encuesta, "de 500 mil a un millón de euros".

Destaca, dentro de los límites en cuanto a número de encuestados, una mayor reticencia por parte de los autónomos de compartir, aunque se trate de forma anónima, su volumen de facturación anual. De hecho, un 10,3 % (n = 7) en el primer grupo y un 4 % (n =2) en el segundo grupo decide no contestar a la pregunta sobre facturación.

Tabla 3. Perfil de la muestra: volumen facturación.

Volumen de facturación actual	
Grupo 1 (Autónomos) n = 68	
Menos de 10 mil euros	16,2 % (n = 11)
De 10 mil a 20 mil euros	**14,7 % (n = 10)**
De 20 mil a 30 mil euros	**23,5 % (n = 16)**
De 30 mil a 40 mil euros	**14,7 % (n = 10)**
De 40 mil a 50 mil euros	**14,7 % (n = 10)**
De 50 mil a 75 mil euros	**4,4 % (n = 3)**
De 75 a 100 mil euros	**1,5 % (n = 1)**
No sabe/no contesta	10,3 % (n = 7)
Grupo 2 (Agencias) n = 50	
Menos de 100 mil euros	14 % (n= 7)
De 100 a 500 mil euros	34 % (n= 17)
De 500 mil a 1 millón de euros	16 % (n= 8)
De 1 millón a 2 millones de euros	12 % (n= 6)
De 2 a 5 millones de euros	6 % (n= 3)
Más de 5 millones de euros	6 % (n= 3)
No sabe	8 % (n= 4)
No contesta	4 % (n= 2)

5.4 Lenguas de trabajo y puesto ocupado en la empresa

En el caso concreto de las agencias de traducción, se preguntó a los encuestados por su perfil y la medida en que representaban a las empresas. Como puede apreciarse en la Tabla 4 abajo, la mitad de los encuestados (n = 25) forma parte de la dirección general de la empresa, seguido por un perfil senior de gestión de proyectos (20 %, n = 10) y, en menor medida, traductores senior (16 %, n = 8), responsables financieros de la empresa o personal de gerencia (8 %, n = 4) y responsables comerciales o *vendors* (6 %, n = 3).

Tabla 4. Perfil de la muestra: cargo de los encuestados en su empresa.

Cargo en la empresa - Grupo 2 (Agencias) n = 50	
Dirección general	50 % (n= 25)
Gestor proyectos / Responsable equipo	20 % (n= 10)
Traductor/a senior	16 % (n= 8)
Responsable financiero / Gerencia	8 % (n= 4)
Responsable comercial / *Vendor*	6 % (n= 3)

En el caso del Grupo 1, la información se complementó con los pares de lenguas que los traductores más utilizan en su quehacer diario. El dato no se amplió a los encuestados del Grupo 2 por diversas razones. Por una parte, la diversidad de perfiles que representaba a la empresa (gerencia, dirección, etc.) hacía inviable formular la pregunta, ya que no todos los encuestados podrían contestarla a título individual (no todos traducen), y tampoco sería un dato relevante porque no representaría a la empresa en sí. Si, por el contrario, la pregunta se hiciera sobre la empresa y no a título individual, la pregunta carecería de sentido porque, en su mayoría, las empresas de traducción participantes cuentan con bases de datos de traductores autónomos que, en mayor o menor medida, pueden satisfacer las demandas lingüísticas que requieran los encargos que reciben, y en caso de necesitar una combinación lingüística poco usual, se buscaría para el encargo en cuestión.

Dicho esto, si nos fijamos en la(s) lengua(s) origen de los traductores autónomos que contestaron la encuesta (Tabla 5), vemos que una gran mayoría (80,9 %, n = 55) tiene el inglés como lengua origen. Tras él, se sitúa el francés (41,2 %, n = 28), seguido del español (32,8 %, n = 22) y el catalán (16,2 %, n = 11). Respecto a la(s) lengua(s) meta, una clara mayoría elige el español como primera opción (83,1 %, n = 57), seguido por el inglés (16,9 %, n = 11) y, en menor medida, el francés y el catalán, que coinciden con un 6,2 % de los encuestados (n = 4). La combinación inglés- español es, pues, la más habitual entre los servicios que ofrecen.

Tabla 5. Perfil de la muestra: lenguas de trabajo (traductores autónomos).

Lenguas de trabajo - Grupo 1 (Autónomos) n = 68		
Lengua origen		**Lengua meta**
80,9 % (n = 55)	Inglés	16,9 % (n = 11)
41,2 % (n = 28)	Francés	6,2 % (n = 4)
32,8 % (n = 22)	Español	83,1 % (n = 57)
16,2 % (n = 11)	Catalán	6,2 % (n = 4)
11,8 % (n = 8)	Alemán	1,5 % (n = 1)
5,9 % (n = 4)	Italiano	4,6 % (n = 3)
5,9 % (n = 4)	Portugués	1,5 % (n = 1)
2,9 % (n = 2)	Árabe	3,1 % (n = 2)
1,5 % (n = 1)	Gallego	1,5 % (n = 1)
1,5 % (n = 1)	Japonés	-
1,5 % (n = 1)	Polaco	1,5 % (n = 1)
1,5 % (n = 1)	Neerlandés	-
1,5 % (n = 1)	Griego	-
-	No contesta	1,5 % (n = 1)

6 Percepción de la traducción automática y la posedición

Una vez trazado el perfil de ambas muestras, comenzamos a desgranar los diferentes apartados y bloques conceptuales del cuestionario. El primero de ellos, tal y como puede apreciarse en la Tabla 6 abajo, está dedicado a las opiniones y percepciones de ambos grupos respecto a la TA y la PE. Se trata de once ítems respecto a los cuales los encuestados han de posicionarse en forma de escala Likert (1 a 5), siendo el número más bajo "totalmente en desacuerdo" y el número más alto "totalmente de acuerdo", con diferentes puntos intermedios para matizar el grado de acuerdo de los encuestados. Los resultados de este bloque de preguntas, separados por grupo muestral, se encuentran en las Tablas 7 y 8 abajo.

Tabla 6. Ítems del cuestionario: percepciones sobre la TA y PE.

Ítem 1. La aplicación de la traducción automática y posedición supondrá el fin de la traducción humana
Ítem 2. Hay determinados tipos de textos que hoy por hoy no pueden traducirse con sistemas de traducción automática
Ítem 3. Una traducción de calidad con sistemas de traducción automática debe ir siempre acompañada de trabajo de posedición o revisión posterior
Ítem 4. La traducción automática, al permitir una mayor rapidez en el proceso, facilita un aumento del volumen de producción, lo que revierte en una mayor facturación
Ítem 5. El uso de la traducción automática y la posedición frente a la traducción humana es una amenaza para el futuro laboral de los traductores
Ítem 6. La traducción automática y posedición empobrece el texto meta
Ítem 7. Actualmente, el uso de traducción automática y posedición está muy extendido en el sector
Ítem 8. La posedición es una tarea que requiere un menor esfuerzo intelectual por parte del traductor
Ítem 9. El uso generalizado de la traducción automática resta valor a la figura del traductor
Ítem 10. La introducción de la traducción automática y posedición genera un descenso en la facturación
Ítem 11. La posedición requiere unas destrezas y técnicas más cercanas a la revisión, diferentes a los de la traducción humana

En general, apreciamos cierto escepticismo entre los encuestados tanto del Grupo 1 como del Grupo 2 respecto al hecho de que la TA y la PE puedan suponer el fin de la TH [Ítem 1, Grupo 1: $\bar{x}$ = 2,16, SD = 1,05; Grupo 2: $\bar{x}$ = 2,42, SD = 1,35], si bien tal escepticismo es ligeramente mayor entre los profesionales autónomos que entre las agencias de traducción. Sin embargo, en el caso concreto del Grupo 1, pese a que ningún encuestado selecciona la opción más alta de la escala, no podemos dejar de lado el hecho de que el 16,18 % de la muestra (n = 11) sí crea que los cambios a futuro sean de suficiente calado como para, si bien no acabar con la TH, sí transformar la labor traductora al completo. En el caso de las agencias de traducción, ese porcentaje de respuestas positivas ("de acuerdo" y "muy de acuerdo") asciende incluso al 26 % del total (n = 13).

Este escepticismo que encontramos en el Ítem 1 puede encontrar una de sus causas en el Ítem 2, donde se pregunta a los encuestados por cómo la TA encuentra grandes escollos en según qué géneros y tipologías textuales. Ante tal diatriba, los encuestados del Grupo 1 son bastante unánimes en su respuesta ($\bar{x}$ = 4,72; SD = 0,69) y reconocen que esa dificultad sigue estando muy presente hoy en día. Los encuestados del Grupo 2, por su parte, si bien se muestran en la misma línea que sus compañeros autónomos, lo hacen de forma más suave ($\bar{x}$ = 4,36; SD = 0,8). De hecho, el 8 % de esas agencias (n = 4) no se posiciona en el debate y se mantiene en una opción de respuesta neutral. El hecho de que algunos de los encuestados del Grupo 2 no sean traductores y trabajen en la gestión o dirección de la empresa puede tener cierta relación con este tipo de respuestas.

En lo que respecta al Ítem 3, ambos grupos son muy conscientes de la necesidad de una buena PE de aquellos textos traducidos mediante motores de TA. El Grupo 2 registra incluso puntuaciones ligeramente más altas que el Grupo 1 (Grupo 2: $\bar{x}$ = 4,88, SD = 0,39; Grupo 1 $\bar{x}$ = 4,79, SD = 0,64), con 48 de las 50 agencias participantes "de acuerdo" o "muy de acuerdo" con la afirmación.

En lo que respecta a la facturación (Ítem 4), pese a que la TA permite una mayor rapidez en el trabajo los encuestados no ven necesariamente traducida esa rapidez en un mayor volumen de facturación. Los traductores autónomos (Grupo 1) muestran, de media, un desacuerdo tímido ante la afirmación ($\bar{x}$ = 2,84; SD = 1,29), si bien un 44,12 % de los mismos (n = 30) se muestra en desacuerdo o muy en desacuerdo. En lo que respecta al Grupo 2, la respuesta vuelve a ser cauta ($\bar{x}$ = 3,5; SD = 1,22) si bien, en este caso, parece que en vez de un "desacuerdo tímido" podríamos hablar de cierta cautela optimista. De hecho, si sumamos las opiniones favorables o muy favorables, el 52 % de los encuestados (n = 26) cree que la TA conlleva un mayor volumen de facturación para la agencia.

En el Ítem 5, esta vez sobre el impacto futuro de la TA en el futuro laboral de los traductores, las respuestas vuelven a ser relativamente neutras, tanto en un grupo como en el otro. Así, en el Grupo 1 parece que, de media ($\bar{x}$ = 3,29; SD = 1,09), los traductores autónomos no tienen una opinión clara sobre qué tipo de futuro le espera a la profesión y si la TA será una amenaza o no (la opción "ni de acuerdo ni en desacuerdo" recoge el 30,88 % de las respuestas), si bien la respuesta mayoritaria (32,35 %

"de acuerdo", n = 22) sí refleja de alguna manera la conciencia de algunos encuestados sobre dicha amenaza, dato que se complementa con el 13,24 % (n = 9) que ve una amenaza muy directa ("muy de acuerdo"). En el Grupo 2, por su parte, la respuesta cauta vuelve a ser la opción mayoritaria. Eso sí, a diferencia del Grupo 1, la respuesta media es algo más conservadora ($\bar{x}$= 3,00; SD = 1,36) y los encuestados se distribuyen de forma relativamente uniforme entre todas las opciones de respuesta: desde el 18 % que se muestra "muy en desacuerdo" (n = 9) al 16 % que se muestra "muy de acuerdo" (n = 8). Se aprecia, así pues, cierta polarización o concentración de respuestas entre los encuestados del Grupo 1 en las opciones "ni de acuerdo ni en desacuerdo" y "de acuerdo" que no se traslada a las respuestas del Grupo 2.

El Ítem 6 pregunta a los encuestados por la calidad resultante de la TA y la PE, en concreto si empobrece el TM. El Grupo 1 se muestra generalmente de acuerdo con la afirmación ($\bar{x}$= 3,72; SD = 1,08). De hecho, las dos opciones de respuesta más altas ("de acuerdo" y "muy de acuerdo") acaparan el 58,8 % de las respuestas (n = 40). Por su parte, el Grupo 2 vuelve a ser cauto y muestra mayor variabilidad de respuesta ($\bar{x}$ = 3,08; SD = 1,16). Destaca, entre ambos grupos, aquellos que se muestran frontalmente en desacuerdo. Si bien en el Grupo 1 se trata únicamente del 1,47 % de la muestra (n = 1), en el caso de las agencias de traducción el dato llega al 10 % de las mismas (n = 5).

El Ítem 7 pretende captar la percepción de ambos grupos sobre el alcance de la TA y la PE en el sector. El Grupo 1, aunque manifiesta que el uso la TA y la PE está extendido, vuelve a mostrarse relativamente tibio en su respuesta ($\bar{x}$ = 3,6; SD = 1,01), con el mayor porcentaje de respuesta (38,24 %) concentrándose en el tramo "ni de acuerdo ni en desacuerdo" (n = 26). El Grupo 2 supera al Grupo 1 ($\bar{x}$ = 3,74; SD = 0,96) y lo hace con una distribución de respuesta más regular. De hecho, ninguno de los encuestados se muestra "muy en desacuerdo" con la afirmación que propone el ítem.

En cuanto al esfuerzo intelectual que supone la PE para el traductor (Ítem 8), ambos grupos ponen de manifiesto la dificultad de la tarea ($\bar{x}$ = 2,03; SD = 1,2; $\bar{x}$ = 2,04; SD = 1,05, respectivamente), si bien, al analizar la distribución de respuestas, vemos cómo, entre los encuestados del Grupo 1, la reivindicación del esfuerzo intelectual que supone la PE es mayor que entre los encuestados del Grupo 2 [la respuesta mayoritaria del Grupo 1 es "muy en desacuerdo", (44,12 %, n = 30); mientras que, en el Grupo 2, es "en desacuerdo" (48 %, n = 24)].

El Ítem 9 explora el valor de la figura del traductor tras la introducción de la TA. Como puede observarse en las tablas 7 y 8 abajo, los integrantes del Grupo 1 sí creen que, en términos generales, hay cierto menoscabo en la figura del traductor ($\bar{x}$ = 4,03; SD = 0,9). De hecho, las dos respuestas más altas ("de acuerdo" y "muy de acuerdo") acaparan en 76,41 % de las respuestas (n = 52). En el Grupo 2, si bien la mayoría de encuestados se muestra de acuerdo (40 %, n = 20), en términos generales la distribución desigual en las respuestas hace que, de forma global, la respuesta media se quede en un cauto 3,12 (SD = 1,38).

El Ítem 10 pregunta a los encuestados si la introducción de la TA desemboca en un descenso en la facturación. Para el Grupo 1, sí se aprecia dicho descenso ($\bar{x}$ = 3,51; SD = 1,13) si bien, de media, no se aprecia una preocupación demasiado elevada [un 27,94 % de los encuestados (n = 19), sin ir más lejos, no se muestra "ni de acuerdo ni en desacuerdo" con la afirmación]. Por lo que respecta a las agencias de traducción, el Grupo 2 se muestra todavía más conservador ($\bar{x}$ = 2,74; SD = 1,12), con lo que, en principio, podríamos deducir que, por parte de las empresas, la TA no se percibe en términos generales como una amenaza para la facturación y su trabajo diario.

Por último, el Ítem 11 propone que la PE de un texto traducido mediante motores de TA requiera de habilidades más cercanas a la revisión que a las destrezas que tradicionalmente se trabajan en TH. El Grupo 1 se muestra de acuerdo con la afirmación ($\bar{x}$ = 3,71; SD = 1,04), con 44 de los 68 encuestados "de acuerdo" o "muy de acuerdo". De la misma manera, los encuestados del Grupo 2 se muestran también de acuerdo, con un resultado más alto que en el Grupo 1 ($\bar{x}$ = 3,84; SD = 0,91).

Tabla 7. Percepciones sobre la TA y PE entre traductores autónomos.

Ítem	n	Min	Max	x̄	SD	1	2	3	4	5
1	68	1	4	2,16	1,05	30,88 %	29,55 %	14,71 %	16,18 %	-
2	68	2	5	4,72	0,69	-	4,41 %	-	14,71 %	80,88 %
3	68	1	5	4,79	0,64	1,47 %	-	2,94 %	8,82 %	86,76 %
4	68	1	5	2,84	1,29	16,18 %	27,94 %	26,47 %	14,71 %	14,71 %
5	68	1	5	3,29	1,09	5,88 %	17,65 %	30,88 %	32,35 %	13,24 %
6	68	1	5	3,72	1,08	1,47 %	13,24 %	26,47 %	29,41 %	29,41 %
7	68	1	5	3,6	1,01	4,41 %	4,41 %	38,24 %	32,35 %	20,59 %
8	68	1	5	2,03	1,2	44,12 %	27,94 %	14,71 %	7,35 %	5,88 %
9	68	1	5	4,03	0,99	2,94 %	4,41 %	16,18 %	39,71 %	36,76 %
10	68	1	5	3,51	1,13	2,94 %	17,65 %	27,94 %	27,94 %	23,53 %
11	68	1	5	3,71	1,04	1,47 %	14,71 %	19,12 %	41,18 %	23,53 %

Tabla 8. Percepciones sobre la TA y PE entre agencias de traducción.

Ítem	n	Min	Max	x̄	SD	1	2	3	4	5
1	50	1	5	2,42	1,34	34 %	24 %	16 %	18 %	8 %
2	50	2	5	4,36	0,8	-	4 %	8 %	36 %	52 %
3	50	3	5	4,88	0,39	-	-	2 %	8 %	90 %
4	50	1	5	3,5	1,22	6 %	16 %	26 %	26 %	26 %
5	50	1	5	3	1,36	18 %	20 %	22 %	24 %	16 %
6	50	1	5	3,08	1,16	10 %	22 %	28 %	30 %	10 %
7	50	2	5	3,74	0,96	-	10 %	32 %	32 %	26 %
8	50	1	5	2,04	1,05	32 %	48 %	8 %	8 %	4 %
9	50	1	5	3,12	1,38	18 %	20 %	8 %	40 %	14 %
10	50	1	5	2,74	1,12	18 %	20 %	36 %	22 %	4 %
11	50	2	5	3,84	0,91	-	12 %	14 %	52 %	22 %

7. La formación en traducción automática y posedición

Por último, el presente epígrafe contiene el análisis de resultados del bloque de preguntas dedicado a la formación en TA y PE, con preguntas referentes a la formación en tecnologías de la traducción recibida por parte de los traductores; la importancia que ambos grupos poblacionales dan a la formación universitaria en TA, PE y otras tecnologías de la traducción;

los conocimientos tecnológicos que más valoran las empresas en los traductores noveles; el grado de preparación que consideran que tienen los nuevos profesionales en TA y PE, y la oferta de prácticas a estudiantes en formación por parte de las empresas.

7.1 Formación recibida en tecnologías de la traducción

La primera pregunta que analizaremos en este bloque se planteó únicamente al Grupo 1 (traductores autónomos) al objeto de conocer su formación en tecnologías de la traducción. En esta pregunta se presentaron diversas opciones de respuesta y los encuestados podían marcar todas las que resultaran aplicables en su caso. Como se aprecia en la Tabla 9, los traductores autónomos que participaron en nuestro estudio cuentan, en gran medida, con formación universitaria en tecnologías de la traducción, que se concentra, sobre todo, en titulaciones de grado o equivalente [el 32,4 % (n = 22) se ha formado a través de asignaturas específicas de tecnologías de la traducción y el 27,9 % (n = 19) en asignaturas de traducción general o especializada] y, en menor medida, en titulaciones de postgrado [el 17,6 % (n = 12) ha cursado asignaturas específicas de tecnologías y, el 13,2 % (n = 9), asignaturas de traducción general o especializada]. La mayor concentración de la formación tecnológica en asignaturas específicas de tecnologías evidencia que aún queda camino por recorrer para que estas se impartan de manera totalmente transversal en los grados de TeI en España, tal y como proponen expertos como Borja Albi y Martínez Carrasco (2019) o González Pastor y Rico (2021, p. 10), pero nos mostramos optimistas al comprobar que la diferencia porcentual entre ambas opciones de respuesta no es muy acusada.

Sin embargo, las opciones formativas más comunes a todos los encuestados en cuanto a tecnologías de la traducción se sitúan fuera de la universidad. En este sentido, destaca la formación autodidacta [elegida por el 79,4 % (n = 54) de los encuestados], seguida de cerca por los cursos de especialización o formación continua [que han realizado casi el 70 % de los traductores (n = 46)] y la asistencia a congresos y jornadas [apuntada por casi el 60 % (n = 40)]. Estos resultados reflejan la preocupación individual de los traductores autónomos por estar al día de las novedades del sector, concretamente en tecnologías, un campo que cambia a ritmo vertiginoso y en el que se hace imprescindible una formación a lo largo de toda la vida. Un último dato al que debemos prestar atención y que nos sorprende es el tímido 10,3 % (n = 7) que se alcanza en formación interna en empresas. Al ser las tecnologías un ámbito en continua evolución, cabría haber esperado que buena parte de la formación recibida por los autónomos hubiera tenido lugar en las empresas para las que trabajan, sobre todo en cuanto a los programas y tecnologías propios o específicos demandados por estas.

Tabla 9. Tipo de formación recibida en tecnologías (Traductores autónomos).

	Grupo 1 (Autónomos) n = 68
Autodidacta (lecturas, práctica profesional, aprendizaje de compañeros)	79,4 % (n = 54)
Asignaturas universitarias de diplomatura/licenciatura/grado específicas de tecnologías de la traducción	32,4 % (n = 22)
Asignaturas universitarias de diplomatura/licenciatura/grado de traducción general o especializada	27,9 % (n = 19)
Asignaturas universitarias de postgrado específicas de tecnologías de la traducción	17,6 % (n = 12)
Asignaturas universitarias de postgrado de traducción general o especializada	13,2 % (n = 9)
Cursos de especialización, actualización o formación continua o permanente	67,6 % (n = 46)
Asistencia a congresos, jornadas, conferencias	58,8 % (n = 40)
Formación interna en empresas	10,3 % (n = 7)
NS/NC	2,9 % (n = 2)

7.2 Importancia de recursos tecnológicos en la formación de futuros traductores

Además de conocer el tipo de formación en tecnologías recibida por los traductores participantes en nuestro estudio, también quisimos averiguar la importancia que tanto este grupo poblacional como el de empresas consideran que deberían tener determinados recursos tecnológicos en la formación de futuros traductores. La pregunta plantea cinco ítems (Tabla 10) respecto a los cuales los encuestados han de posicionarse según una escala Likert del 1 al 3 (en la que el 1 equivale a "menos importancia", el 2 a "la misma importancia" y el 3 a "más importancia"). Los resultados de esta pregunta, divididos por grupo muestral, se encuentran en las tablas 11 y 12 más abajo.

Tabla 10. Importancia de determinados recursos tecnológicos.

E7. Importancia de diferentes recursos tecnológicos
Ítem 1. Los programas de traducción asistida
Ítem 2. Los programas de gestión de proyectos
Ítem 3. Los programas de control de calidad
Ítem 4. Los programas de *desktop publishing*
Ítem 5. Los sistemas de traducción automática

Tabla 11. Importancia, con respecto a la recibida en la actualidad, de determinados recursos tecnológicos en la formación de futuros traductores (Traductores autónomos).

Ítem	n	Mín.	Máx.	Media	SD	1	2	3
1	68	1	3	2,59	0,55	2,9 %	35,3 %	61,8 %
2	68	1	3	2,53	0,53	1,5 %	44,1 %	54,4 %
3	68	2	3	2,66	0,47	-	33,8 %	66,2 %
4	68	1	3	2,28	0,56	5,9 %	60,3 %	33,8 %
5	68	1	3	2,43	0,58	4,4 %	48,5 %	47,1 %

Tabla 12. Importancia, con respecto a la recibida en la actualidad, de determinados recursos tecnológicos en la formación de futuros traductores (Agencias de traducción).

Ítem	n	Mín.	Máx.	Media	SD	1	2	3
1	50	2	3	2,78	0,41	-	22 %	78 %
2	50	1	3	2,54	0,61	6 %	34 %	60 %
3	50	1	3	2,60	0,53	2 %	36 %	62 %
4	50	1	3	2,20	0,60	10 %	60 %	30 %
5	50	1	3	2,60	0,66	10 %	20 %	70 %

Los resultados de las Tablas 11 y 12 nos indican que ambos perfiles consideran que la mayoría de los recursos deberían tener más importancia de la que tienen en la actualidad en la formación de traductores, y son las empresas las que alcanzan mayores porcentajes respecto a dar más importancia a la formación de los distintos programas (de hecho, el 60 % o más de las empresas otorgan la máxima puntuación de la escala Likert a todos los recursos, con la excepción de los programas de maquetación). Los traductores, sin embargo, aunque también favorables a dar más importancia a determinados recursos (en cuatro de los cinco ítems rozan o superan el 50 % de acuerdo en otorgar la máxima puntuación de la escala Likert), alcanzan porcentajes globales menores que las empresas, lo que indicaría que se encuentran más conformes con la formación actual que las empresas.

De manera transversal y global, la formación en programas de traducción asistida (especialmente entre las empresas, con resultados más elevados que entre traductores) y de control de calidad (con porcentajes ligeramente superiores en el grupo de traductores) es la que debería tener más importancia con respecto a la tiene hoy en día. Sin embargo, si analizamos los datos separadamente por grupo muestral, vemos que los ítems que superan el 50 % de acuerdo dentro del grupo de las empresas como candidatos a recibir más atención en la formación son: 1. los programas de traducción asistida (ítem 1, 78 %, $\bar{x}$ = 2,78, SD = 0,41), 2. los sistemas de traducción automática (Ítem 5, 70 %, $\bar{x}$ = 2,60, SD = 0,66), 3. los programas de control de calidad (Ítem 3, 62 %, $\bar{x}$ = 2,60, SD = 0,53) y 4. los programas de gestión de proyectos (Ítem 2, 60 %, $\bar{x}$ = 2,54, SD = 0,61).

Por su parte, aquellos que superan el 50 % de acuerdo entre los autónomos son: 1) los programas de control de calidad (Ítem 3, 66,2 %, $\bar{x}$ = 2,66, SD = 0,47); 2) los programas de traducción asistida (Ítem 1, 61,8 %, $\bar{x}$ = 2,59, SD = 0,55) y 3) los programas de gestión de proyectos (Ítem 2, 54,4 %, $\bar{x}$ = 2,53, SD = 0,53). Llama la atención que sea precisamente en el ítem sobre formación en TA (Ítem 5, $\bar{x}$ autónomos = 2,43, SD autónomos = 0,58) en el que se observa mayor diferencia entre las opiniones de empresas y traductores. Entre los autónomos gana ligeramente la opción de seguir dándole la misma importancia frente a la de darle más [48,5 % (n = 33) frente a 47,1 % (n = 32), respectivamente], mientras que las empresas alcanzan el 70 % (n = 35) de acuerdo en darle más importancia y solo el 20 % (n = 10) en darle la misma. En parte, estos resultados podrían responder a que las empresas participantes en el estudio ofrecen y llevan a cabo servicios de TA y PE en mayor medida que los traductores, pero también al hecho de que, en general, el grupo de traductores se muestre más escéptico ante todo lo relacionado con la TA y la PE en el sector.

Por último, cabría destacar que los programas de maquetación o de *desktop publishing* son los que ambos grupos estiman que deben reforzarse menos en la formación (en torno a un 60 % de ambos grupos le seguiría otorgando la misma importancia, mientras que alrededor de un 30% le asignaría menos).

7.3. Importancia de la formación en TA y PE en la universidad

De modo más específico, también preguntamos a ambos grupos qué importancia, según una escala Likert del 1 al 5 (donde el 1 significa "Ninguna importancia" y el 5 equivale a "Mucha importancia") conceden a la formación universitaria específica en TA y PE. Como se desprende de la Tabla 13, son las empresas ($\bar{x}$ = 4,21; SD = 1,05) las que consideran que la formación en TA y PE en la universidad debería ser más elevada [el 72 % de ellas (n = 36) considera que debería tener "bastante importancia" o "mucha importancia"]. Los autónomos ($\bar{x}$ = 3,75; SD = 0,88), sin embargo, de nuevo más escépticos que las empresas en cuanto a la TA y la PE, no dan tanta importancia como las empresas a la formación en este ámbito concreto, aunque tampoco la niegan [como muestra el hecho de que el 42,6 % (n = 29) indique que debería tener una importancia media y que el 51,4 % (n = 35) le otorgue entre bastante y mucha importancia]. Estos resultados se encuentran en consonancia con los obtenidos en el ítem 5 de las tablas 11 y 12 sobre la importancia que otorgan ambos grupos poblacionales a la formación en sistemas de traducción automática. En cualquier caso, son minoritarios en ambos perfiles quienes consideran que la formación en TA y PE debe tener poca o ninguna importancia, lo que quiere decir que, pese a las diferencias entre traductores y empresas, ambos grupos reconocen la importancia que la TA está ganando en el sector.

Tabla 13. Importancia de la TA y la PE en la universidad.

	n	Mín.	Máx.	Media	SD	1	2	3	4	5
Grupo 1 (Autónomos)	68	1	5	3,75	0,88	1,5 %	-	42,6 %	27,9 %	23,5 %
Grupo 2 (Agencias)	50	1	5	4,21	1,05	4 %	-	20 %	20 %	52 %

7.4 Grado de preparación de nuevos profesionales en TA y PE

Además de conocer la valoración que agencias de traducción y traductores autónomos otorgan a la formación en tecnologías y en TA y PE, también nos interesaba conocer la valoración, por parte del Grupo 2 (agencias), de la formación en TA y PE de los traductores noveles que contratan. En esta pregunta las empresas debían posicionarse según una escala Likert del 1 al 5, en la que el 1 equivalía a "muy malo" y el 5 correspondía a "muy bueno", con distintos puntos intermedios para matizar su grado de acuerdo.

Como muestra la Tabla 14, el nivel de formación en TA y PE con el que llegan los nuevos profesionales se percibe, en su mayoría, como "malo" (nivel 2 de la escala) o como "ni bueno ni malo" (nivel 3 de la escala) ($\bar{x}$ = 2,39, SD = 1). Por el contrario, apenas un 8 % (n = 4) indica que es "bueno" o "muy bueno". Se trata de resultados preocupantes que, estudiados junto a los resultados de la pregunta anterior en la que veíamos que el 72 % de las empresas consideran que la formación universitaria en TA y PE debería cobrar entre bastante y mucha importancia, y a los resultados recogidos en ítem 5 de la Tabla 12 según el cual el 70 % (n = 35) de las empresas consideraban que la TA debería tener más importancia en la formación de la que tiene actualmente, deberían llevar a la universidad y la empresa a conversaciones para conocer más a fondo qué necesitan saber y saber hacer los traductores, y qué papel debe adoptar cada una en la formación de los profesionales.

Tabla 14. Grado de preparación en TA y PE de los traductores noveles contratados según las empresas.

	n	Mín.	Máx.	Media	SD	1	2	3	4	5
Grupo 2 (Agencias)	50	1	5	2,39	1	12 %	34 %	22 %	4 %	4 %

7.5 Nivel de formación de los traductores noveles contratados en cuanto a tecnologías de la traducción, en general, y a tareas de TA y PE, en particular

De manera más específica, quisimos conocer también la valoración que tienen las empresas sobre determinados conocimientos previos en tecnologías de la traducción y en TA y PE de los traductores noveles. Concretamente, se les presentaron once ítems (Tabla 15) respecto a los cuales los encuestados debían posicionarse en forma de escala Likert (1 a 5), siendo el número más bajo "totalmente en desacuerdo" y el número más alto "totalmente de acuerdo", con diferentes puntos intermedios para matizar el grado de acuerdo. Los resultados de este bloque de preguntas se encuentran en la Tabla 16 más abajo.

Tabla 15. Subítems de las preguntas del cuestionario relativas a la valoración de los conocimientos en tecnologías de la traducción, en general, y en tareas de TA, en particular, de los traductores noveles contratados por parte de las empresas.

Valoración de los conocimientos previos de quienes acceden sin experiencia
Ítem 1. Conocimientos previos en programas de traducción asistida por ordenador Ítem 2. Conocimientos previos en traducción automática (TA) Ítem 3. Conocimientos previos en programas de ofimática Ítem 4. Conocimientos previos en programas de control de calidad Ítem 5. Conocimientos previos en programas de gestión de proyectos Ítem 6. Conocimientos previos en programas de desktop *publishing*

Valoración de los conocimientos previos de quienes acceden sin experiencia
Ítem 7. Conocimientos previos en preedición Ítem 8. Conocimientos previos en posedición Ítem 9. Conocimientos previos en revisión de textos poseditados Ítem 10. Conocimientos previos en sistemas de evaluación de calidad de la traducción automática Ítem 11. Conocimientos previos en entrenamiento de motores de traducción automática

Tabla 16. Valoración de los conocimientos en tecnologías de la traducción, en general, y en tareas de TA, en particular, de los traductores noveles contratados por parte de las empresas.

Ítem	n	Mín.	Máx.	Media	SD	1	2	3
1	50	1	3	2,60	1,32	4 %	30 %	60 %
2	50	1	3	1,87	0,67	24 %	54 %	12 %
3	50	1	3	2,83	1,71	2 %	12 %	80 %
4	50	1	3	1,93	0,60	18 %	56 %	12 %
5	50	1	3	1,89	0,64	22 %	58 %	12 %
6	50	1	2	1,73	0,69	24 %	66 %	-
7	50	1	3	1,82	0,61	20 %	64 %	4 %
8	50	1	3	2,00	0,56	14 %	62 %	14 %
9	50	1	3	2,07	0,51	8 %	68 %	14 %
10	50	1	3	1,80	0,61	20 %	66 %	2 %
11	50	1	3	1,66	0,88	34 %	50 %	4 %

En primer lugar, en lo tocante a los conocimientos relativos a tecnologías de la traducción en general, podemos afirmar que, con marcada diferencia, los aspectos más valorados por parte de las empresas son los relativos a herramientas de ofimática (Ítem 3, $\bar{x}$ = 2,83, SD = 1,71) y de traducción asistida (Ítem 1, $\bar{x}$ = 2,60, SD = 1,32). De hecho, el 80 % (n = 40) y el 60 % (n = 30) de las empresas, respectivamente, consideran "imprescindibles" los conocimientos de programas de ofimática y traducción asistida.

En segundo lugar, el conocimiento de programas de control de calidad (Ítem 4, $\bar{x}$ = 1,93, SD = 0,64), gestión de proyectos (Ítem 5, $\bar{x}$ = 1,89, SD = 0,64) e, incluso, traducción automática (Ítem 2, $\bar{x}$ = 1,87, SD = 0,67), tiene una relevancia menor para los encuestados, ya que la mayoría de sus respuestas se concentran en la opción intermedia de la escala, lo que quiere decir que su conocimiento resulta deseable, pero no imprescindible. La formación en programas de maquetación o *desktop publishing* (Ítem 6, x̄ = 1,73, SD = 0,69) se considera, esencialmente, deseable [el 60 % de las empresas (n = 30) lo estiman así, y ninguna de ellas selecciona la opción más alta de la escala]. La formación en programas relacionados con estas cuatro áreas (control de calidad, gestión de proyectos, TA y *desktop publishing*), se aprecia como innecesaria, aproximadamente, por una de cada cuatro empresas, y en torno a una de cada diez selecciona la opción de respuesta "NS/NC".

Por otra parte, en lo referente a conocimientos previos relacionados con la TA y la PE, las áreas más valoradas son la revisión de textos poseditados (Ítem 9, x̄ = 2,07, SD = 0,51) y la PE en sí (Ítem 8, x̄ = 2,00, SD = 56). En ambos casos, la mayoría de las respuestas [el 68 % (n = 24) y el 62 % (n = 31) respectivamente] se concentran en la opción intermedia de la escala ("deseable"), mientras que los porcentajes alcanzados en el nivel de la escala inferior ("innecesario") y en el superior ("imprescindible") se reparten muy equitativamente (8 %-14 % en el caso del Ítem 9 y 14 %-14 % en el caso del Ítem 8). Por otra parte, en pocos casos se estima imprescindible el conocimiento en preedición, sistemas de evaluación de calidad en TA o entrenamiento de motores de TA (el 4 % o menos de las empresas marcan esta opción), probablemente porque no se trate de tareas que suelan hacer todos los traductores contratados, si bien algo más de la mitad de las empresas los consideran "deseables". Cabe destacar el caso del entrenamiento de motores de TA como el conocimiento menos valorado, pues un considerable 34 % (n = 17) de las empresas indica que es "innecesario".

De nuevo, nos surgen interrogantes al contrastar estos resultados con las respuestas de las empresas a preguntas anteriores sobre la importancia de determinadas herramientas o tareas en la formación de futuros traductores y sobre la valoración de los conocimientos de los traductores noveles que contratan. En futuras publicaciones, intentaremos hallar respuestas en los datos recogidos en la fase cualitativa de la investigación y proponer conversaciones entre la universidad y la industria para determinar qué necesitan los traductores profesiones y qué rol debe adoptar cada una en su formación.

7.6 Estudiantes en prácticas en empresa

Una pregunta vinculada a la dimensión anterior que también decidimos incluir en nuestro estudio fue la relativa a si las empresas recibían a estudiantes en prácticas. A través de esta pregunta queríamos conocer lo arraigada que se encuentra esta práctica en el sector y el grado de colaboración que tienen las empresas con las universidades a través de convenios de prácticas. A continuación, se presentan los datos recabados en la Tabla 17.

Tabla 17. Admisión de estudiantes en prácticas formativas en los últimos 5 años por parte de las agencias.

	Grupo 2 (Agencias) n = 50
Sí	58 % (n = 29)
No	36 % (n = 18)
NS/NC	6 % (n = 3)

En términos generales, observamos que la mayoría de las empresas (58 %, n = 29) ha recibido estudiantes en prácticas en los últimos años y, aproximadamente, como podemos apreciar en la Tabla 18, algo más del 40 % de esas empresas ha acabado contratando a alguno de estos estudiantes. Nos sorprende en esta pregunta el 37,9 % (n = 11) de encuestados que marcan la opción “NS/NC”. Quizá el hecho de que el 50 % de los encuestados en el Grupo 2 no formen parte de la dirección general de la empresa, sino que sean traductores o gestores de proyectos, o el hecho de que en algunas empresas grandes contraten a estudiantes en prácticas en otras áreas tengan cierta relación con estos resultados.

Tabla 18. Porcentaje de estudiantes contratados tras las prácticas formativas.

Grupo 2 (Agencias) n = 29			
0 %	20,7 % (n = 6)	26 a 30 %	3,4 % (n = 1)
1 a 5 %	3,4 % (n = 1)	31 a 35 %	3,4 % (n = 1)
6 a 10 %	3,4 % (n = 1)	36 a 40 %	3,4 % (n = 1)
11 a 15 %	13,8 % (n = 1)	Más del 40 %	3,4 % (n = 1)
16 a 20 %	3,4 % (n = 1)	NS/NC	37,9 % (n = 11)
21 a 25 %	3,4 % (n = 1)		

8 Conclusiones

El objetivo de este primer capítulo ha sido proponer una incursión metodológica en la vertiente socioprofesional del proyecto DITAPE, así como comenzar a evaluar los primeros resultados cuantitativos fruto de la distribución del cuestionario entre las distintas muestras poblacionales. Así, hemos trazado el perfil medio de ambos grupos de encuestados y hemos explorado, de forma contrastiva, tanto sus percepciones y opiniones en materia TA y la PE como su formación tecnológica, así como las implicaciones, desde su experiencia profesional, que el desarrollo de la tecnología en el sector de la traducción debería tener en la formación universitaria de traductores.

Si atendemos al perfil de ambas muestras poblacionales, vemos cómo, en lo que respecta al Grupo 1, nos encontramos con un grupo de traductores autónomos formado en su mayoría por mujeres, con una media de edad que ronda los 47 años y que, en su mayoría, cuenta con estudios de Traducción e Interpretación o, en su defecto, Filología. En conjunto, la mayoría de ellos cuenta con entre 16 y 30 años de experiencia profesional en el sector.

Respecto a su ubicación geográfica, la muestra cubre un total de trece autonomías del Estado español, si bien la mayor parte de los encuestados tiene su residencia en Madrid, Andalucía o la Comunidad Valenciana.

Mayoritariamente, los encuestados trabajan para empresas privadas con sede en España, seguido de agencias de traducción en el extranjero. Las agencias de traducción españolas y las empresas privadas extranjeras ocupan, respectivamente, el tercer y el cuarto lugar.

No hay una tendencia clara en cuanto a volumen de facturación de los encuestados. De hecho, la muestra se divide de manera bastante uniforme entre las cinco franjas que comprenden desde los "menos de 10 mil euros" hasta "entre 40 y 50 mil euros anuales". Eso sí, la franja con un mayor número de respuestas es la de entre 20 y 30 mil euros.

Por último, en cuanto a sus lenguas de trabajo, hemos constatado cómo la combinación inglés-español parece ser la más habitual. Además, entre las lenguas origen de los encuestados aparece encontrarse también el francés, el español y el catalán y, entre las lenguas meta, el inglés y, en menor medida, el francés y el español.

Respecto al Grupo 2, la muestra vuelve a estar formada mayoritariamente por mujeres, aunque con menor diferencia respecto al número de hombres que el Grupo 1. La media de edad es ligeramente más alta que en el caso anterior y se sitúa en torno a los 49 años, con una experiencia en el sector similar a la del Grupo 1, es decir, entre 16 y 30 años.

En su mayoría, los encuestados trabajan en la dirección de la empresa, aunque otros perfiles como el de gestor de proyectos y traductor senior aparecen en menor medida. La variabilidad de perfiles hace que, en cuanto a tipología de estudios y formación, haya un número relativamente elevado de encuestados que haya escogido "otras disciplinas". Aun así, el perfil mayoritario sigue siendo el de TeI.

La concentración de empresas en las grandes capitales hace que, consecuentemente, los encuestados residan mayoritariamente en Cataluña o Madrid, seguidos, aunque de lejos, por la Comunidad Valenciana. De hecho, la muestra estudiada solo cubre nueve autonomías españolas en comparación con las trece del Grupo 1.

Por último, con unos ingresos anuales mayoritarios de entre 100 y 500 mil euros, el perfil típico de cliente de estas empresas es el de la empresa privada con domicilio social en España, seguido, en menor medida, por empresas privadas con sede en el extranjero.

Si atendemos ahora a las percepciones y opiniones de los encuestados sobre el presente y el futuro de la TA y la PE, vemos que los encuestados muestran ciertas dudas o escepticismo sobre cómo será el futuro de la TH. Ambos grupos creen que la TH no desaparecerá como consecuencia de la TA, pero su opinión no es firme y, de media, no se observa una polarización en las respuestas. Los traductores autónomos, eso sí, muestran mayor preocupación de media que las agencias de traducción.

Ambos grupos son conscientes de las limitaciones de la TA en ciertos géneros y tipologías textuales, sobre todo los traductores autónomos. Por esa razón, se aprecia también entre ambos grupos el consenso de complementar siempre la traducción con una buena PE. De la misma manera, ambos grupos subrayan el esfuerzo cognitivo e intelectual de la PE, sobre todo los traductores autónomos. Respecto a la labor de la PE, volvemos a encontrar consenso en que la labor de la PE es más cercana a la revisión que a las destrezas particulares de la traducción propiamente dicha.

La percepción de ambos grupos, si bien es cauta, es que el uso de la TA y la PE está extendido en el sector. Entre ellos, las agencias de traducción tienen mayor convencimiento del uso generalizado y extendido de la TA que los traductores autónomos. Quizá esa respuesta esté relacionada con la percepción de unos y otros sobre la calidad del TM resultante. Para los traductores autónomos, la TA generalmente empobrece el TM. Para las empresas, no lo hace tanto. De hecho, solo el 1,45 % de los traductores autónomos (en contraposición al 10 % de las agencias) cree que la TA no afecta de manera alguna a la calidad de la traducción.

Esa postura respecto al resultado final de la TA hace que los traductores autónomos crean, generalmente, que la irrupción de la TA resta valor a la figura del traductor profesional. La distribución de las respuestas entre las agencias, sin embargo, muestra una percepción desigual, no unánime, a ese respecto, con lo que no se aprecia una tendencia clara.

Las agencias vuelven a mostrarse cautas, o incluso conservadoras, respecto a si la TA supone o supondrá una amenaza laboral para el sector de la traducción. Una vez más, las respuestas se reparten a lo largo del espectro. En cuanto a los trabajadores autónomos, estos sí ven una amenaza, aunque lo hacen de forma tímida. De hecho, el 30,88 % de los mismos declina posicionarse y contesta con un "ni de acuerdo ni en desacuerdo".

Donde sí encontramos discrepancias entre ambos grupos es en el volumen de negocio y facturación y cómo afecta la TA a los ingresos de los encuestados. Así, si para los encuestados del Grupo 1 (autónomos) sí se aprecia una menor facturación resultado de la introducción de la TA, para los encuestados del Grupo 2 (agencias) la relación entre ambos no es tan clara, y generalmente no creen que su volumen de facturación se vea afectado.

Por último, en lo tocante al bloque de formación en tecnologías de la traducción y la TA, encontramos que la práctica totalidad de los traductores participantes en el estudio ha tenido formación en la universidad o fuera de ella con relación a la TA y la PE. Aunque el porcentaje de traductores que se ha formado en tecnologías en la universidad (principalmente a través de asignaturas específicas de tecnologías de la traducción de grado o postgrado) es elevado, donde se concentran las mayores proporciones de formación es en el aprendizaje autodidacta, a partir de cursos de formación permanente, de la asistencia a congresos y jornadas, etc., lo que pone de manifiesto la voluntad de los encuestados de formarse permanentemente, más allá de las aulas, en un ámbito tan cambiante como el de las tecnologías de la traducción. Resulta llamativo el escaso número de traductores que declara haber recibido formación interna en empresas en este campo.

La percepción de traductores y empresas sobre la importancia que deberían cobrar en la formación determinados recursos tecnológicos nos descubre que los traductores se encuentran, en general, más conformes que las empresas en cuanto a la formación tecnológica ofrecida en la universidad. Ambos grupos consideran que en la formación futura de traductores se le debería dar más importancia, sobre todo, a los programas de traducción asistida y a los programas de control de calidad. El deseo de mayor formación en sistemas de TA se encuentra más extendido entre las empresas que entre los traductores, ya que entre estos últimos existe más acuerdo en darle en el futuro la misma importancia que se le da actualmente. De manera más específica, al preguntar a ambos grupos por la importancia exacta que le dan a la formación universitaria en TA y PE, encontramos, nuevamente, diferencias entre grupos, ya que las empresas consideran que la formación universitaria en TA y PE debería ser más elevada (le otorgan una importancia entre alta y muy alta), mientras que los autónomos no le dan tanta importancia (esta se sitúa entre media y alta), aunque tampoco la niegan. De nuevo, estos datos nos muestran que los traductores de nuestra muestra son más cautos (o más escépticos) que las empresas al pensar en la importancia futura de la TA y la PE en el sector.

La formación de los traductores noveles en TA y PE se evalúa negativamente por parte de las empresas, quienes dejan entrever su pesimismo al considerar que el nivel medio de preparación de los traductores es entre malo y medio. Sin embargo, no es precisamente la formación en este ámbito lo que más valoran en la actualidad las empresas cuando contratan traductores noveles. En general, lo que más valoran hoy por hoy en la formación de sus empleados es el dominio de herramientas de ofimática y de traducción asistida (más de la mitad de las empresas las consideran imprescindibles). El dominio de herramientas de control de calidad y de TA se sitúa por detrás, puesto que la mayor parte de los encuestados las considera deseables, pero no imprescindibles. Los conocimientos de tareas específicas de TA y PE, como son la revisión de textos poseditados, la PE, la preedición, etc., reciben una valoración bastante homogénea entre las empresas, que esencialmente los estiman "deseables", pero no "imprescindibles". La tarea a cuyo dominio otorgan menos importancia las empresas es el entrenamiento de motores de TA.

Por último, la mayoría de las empresas que participan en el estudio ha recibido a estudiantes en prácticas en los últimos años, lo que refleja su voluntad de establecer vínculos con la universidad, aunque solo dos quintas partes de estas acaba contratando a alguno de estos estudiantes y casi un 40 % no sabe la respuesta o decide no contestar a la pregunta. En próximos estudios intentaremos responder a las interrogantes que se nos plantean sobre las causas que llevan a las empresas a no contratar a sus estudiantes en prácticas o a no contestar a esta pregunta, así como plantear un diálogo entre la universidad y la industria para determinar las necesidades, las capacidades y el papel de ambas en el futuro en cuanto a la formación en TA.

Presentadas las características generales de las muestras, así como sus opiniones y creencias respecto a la TA y la PE y su formación en materia tecnológica, el siguiente capítulo explora, como veremos a continuación, las tareas y usos que hacen ambos grupos de la TA, así como sus prácticas profesionales y cambios de tarifa tras la irrupción en el sector de la TA y la PE.

Bibliografía

Borja Albi, A. y Martínez-Carrasco, R. (2019). Future-proofing legal translation: a paradigm shift for an exponential era. En I. Simonnæs y M. Kristiansen. (Eds.), *Legal Translation. Current Issues and Challenges in Research, Methods and Applications* (pp. 187-206). Frank & Timme.

Brannen, J. (2005). Mixed methods research: A discussion paper. *ESRC National Centre for Research Methods. Methods Review Papers.*

Cerezo Merchán, B. (2012). *La didáctica de la traducción audiovisual en España: Un estudio de caso empírico-descriptivo.* [Tesis de doctorado no publicada]. Universitat Jaume I.

Corbetta, P. (2003). *Metodología y técnicas de investigación social.* McGraw-Hill.

Del Rincón, D., Arnal Agustin, J., Latore Beltrán, A. y Sans Martín, A. (1995). *Técnicas de investigación en ciencias sociales*. Dykinson.

González Pastor, D. y Rico, C. (2021). POSEDITrad: la traducción automática y la posedición para la formación de traductores e intérpretes. *Revista Digital de Investigación en Docencia Universitaria, 15*(1). https://doi.org/10.19083/10.19083/ridu.2021.1213

Iarossi, G. (2005). *The Power of Survey Design: A User's Guide for Managing Surveys, Interpreting Results, and Influencing Respondents*. World Bank.

Martínez Carrasco, R. (2017). *Epistemological Approaches to Legal Translation Education: A Situated Account*. [Tesis de doctorado no publicada]. Universitat Jaume I.

Rodríguez Fernández, S., Gallardo Vigil, M. A., Olmos Gómez, M. C. y Ruiz Garzón, F. (2005). *Investigación educativa: metodología de encuesta*. Grupo Editorial Universitario.

Saumure, K. y Given, L. M. (2008). Population. En: L. M. Given (Ed.), *The Sage Encyclopaedia of Qualitative Research Methods* (pp. 634-644). SAGE.

Williams, J. y Chesterman, A. (2002). *The Map. A Beginner's Guide to Doing Research in Translation Studies*. St. Jerome.

Robert Martínez-Carrasco

Universitat Jaume I

El sector de la traducción en España ante la traducción automática: un análisis cuantitativo de las percepciones de traductores autónomos y agencias de traducción

Resumen: El presente capítulo complementa y amplía los resultados presentados en el capítulo anterior de las muestras poblacionales de traductores autónomos y agencias de traducción participantes en el proyecto DITAPE. A través del análisis estadístico (descriptivo y comparativo) de los datos recabados, se exponen, en primer lugar, los resultados obtenidos en cuanto a usos y tareas relacionados con la traducción automática (TA) y la posedición (PE) de ambas muestras poblacionales, entre los que destaca el volumen de facturación resultado de la aplicación de la TA y la PE o la incorporación en el tiempo de la TA en la cartera de servicios de los encuestados. Seguidamente, se profundiza en las tarifas de mercado, su evolución tras la irrupción de la TA y la evaluación de la calidad de los textos traducidos mediante motores de TA. El capítulo cierra con las conclusiones más destacables de cada bloque de preguntas analizado.

Abstract: This chapter complements and extends the results on the translation agencies and freelance translators participating in the DITAPE project presented in the previous chapter. Through statistical analyses of the data collected (both descriptive and comparative), we first present the results obtained in terms of uses and tasks related to machine translation (MT) and post-editing (PE) in both population samples, including the impact of MT and PE in the participants' revenue and the introduction of MT and PE into the participants' service portfolio over time. Next, market rates, the evolution of rates after the introduction of MT and quality assurance of texts translated using MT engines are examined in depth. The chapter closes with some conclusions that include the most important results of each block of the questions analysed.

Palabras clave: traducción automática, cuestionarios, investigación cuantitativa, estudio de mercado, aspectos profesionales de la traducción, competencias tecnológicas, traductores autónomos, agencias de traducción

Keywords: machine translation, questionnaires, quantitative research, translation market survey, translation socio-professional profile, technological skills, freelance translators, translation agencies

1 Introducción

En el capítulo anterior hemos comenzado a esbozar una panorámica de los resultados obtenidos tras la distribución del cuestionario DITAPE entre dos muestras poblacionales diferentes formadas por traductores autónomos (Grupo 1) y agencias de traducción con domicilio social en España (Grupo 2). Hemos analizado, entro otros parámetros, el perfil medio de los encuestados, su nivel de estudios, sus años dedicados a la traducción, su ubicación geográfica, la tipología de clientes más habitual con la que colaboran o su volumen de facturación anual.

Asimismo, para conocer a los grupos muestrales en profundidad respecto al objeto de la investigación que nos ocupa, el capítulo anterior ha analizado las opiniones y perspectivas de los encuestados ante la irrupción y consolidación de la TA y la PE como herramientas de uso extendido en el sector de la traducción. Hemos observado, por ejemplo, que la percepción general es que la TA no reemplazará a la TH, pero se aprecia, sobre todo entre los encuestados del Grupo 1, cierto escepticismo o preocupación que se manifiesta, entre otros, en la opinión mayoritaria de que la TA resta valor a la figura del traductor profesional.

Las agencias, por su parte, se han mostrado algo más cautas en sus opiniones y, si en términos generales no hemos apreciado respuestas demasiado polarizadas por parte de una u otra muestra, no deja de ser cierto que los traductores autónomos han mostrado mayor preocupación que las agencias de traducción respecto al presente y futuro de la traducción. Las empresas, generalmente, han tenido opiniones ligeramente más conservadoras que los traductores autónomos respecto al hecho de que la TA pueda empobrecer el TM o suponga una amenaza para el sector.

Respecto a la formación en materia tecnológica de los encuestados, sus lagunas de formación y su percepción sobre los planes de estudio de TeI, el capítulo anterior ha constatado cómo la práctica totalidad de los participantes en el estudio ha tenido formación universitaria y, sobre todo, de carácter autodidacta con relación a la TA y la PE, y cómo consideran que en la formación de traductores se debería dar más importancia a los programas de traducción asistida y de control de calidad.

En este capítulo, así pues, se presenta la segunda parte de los datos obtenidos en la investigación. Tras contextualizar la muestra y ofrecer una visión general de sus percepciones, el capítulo explora cuestiones relacionadas con los usos y tareas de los encuestados alrededor de la TA y la PE, su impacto en los distintos servicios que ofrecen, el volumen de TA y PE respecto a su volumen anual de facturación o las razones por las que (no) ofrecer servicios de TA y PE. Seguidamente, analizamos los datos relacionados con la evolución de las tarifas en el mercado tras la irrupción y el afianzamiento de los sistemas de TA, así como cuestiones deontológicas y de control y garantía de calidad de los textos poseditados.

Con ello, pretendemos dar una visión detallada de una realidad cambiante, compleja, como es la del sector profesional de la traducción, y así tratar de buscar aquellos puntos de unión (y desunión) entre sus protagonistas que nos permitan entender sus posicionamientos, opiniones y predicciones de futuro ante el avance exponencial de la tecnología en el sector.

2 Usos y tareas relacionados con la TA y la PE

A continuación, desgranamos los datos referidos a la labor profesional de los encuestados y cómo se ha visto potenciada, o constreñida, por la TA y la PE. Para ello, nos adentraremos en el tipo de servicios que ofrecen los encuestados, la representatividad de esos servicios en su volumen de facturación anual y de qué manera (y en qué momento) se ha introducido la TA, así como los motivos que los llevan (o no) a ofrecer TA y PE en su cartera de servicios.

2.1 Tipología y volumen de facturación de servicios

Tras el análisis de las opiniones, posicionamiento y actitudes respecto a la TA y la PE que hemos desarrollado en el capítulo anterior, se preguntó a los encuestados por los servicios que ofrecen y cómo la TA ha afectado o ha obligado a los encuestados a redefinir esa cartera de servicios. Los resultados de este apartado, así pues, ayudan a contextualizar la actividad socioprofesional de ambos grupos, al tiempo que nos permiten entender en qué medida la TA supone un elemento importante (en tanto que recurso, en tanto que riesgo, etc.) en su actividad profesional.

Respecto a los servicios que ofrecen los encuestados, vemos en la Tabla 1 abajo cómo ambos grupos muestrales ofrecen de forma generalizada tanto servicios de traducción, ya sea humana o automática, como de PE (Grupo 1: 95,6 %, n = 65; Grupo 2: 98 %, n = 49). Se trata, al fin y al cabo, de un dato coherente con los métodos de muestreo y los criterios de exclusión e inclusión que se aplicaron a la hora de diseñar el estudio. Teniendo en cuenta que el objeto de estudio del proyecto son aquellos agentes que se dedican a la traducción, cabría esperar que la gran mayoría de ellos, exceptuando los profesionales y las agencias que se dediquen específicamente a un sector especializado de la industria (accesibilidad, interpretación, etc.), ofrezcan la traducción en su catálogo de servicios.

Tras la traducción aparece la revisión, corrección y asesoramiento lingüístico para ambos grupos (Grupo 1: 73,5 %, n = 50; Grupo 2: 88 %, n = 44) y, seguidamente, la interpretación (Grupo 1: 27,9 %, n = 19; Grupo 2: 68 %, n = 34). Cabe destacar cómo, debido a la naturaleza de la muestra en el caso del Grupo 2, el porcentaje de respuesta en todas las opciones es particularmente elevado respecto al del Grupo 1. Así, si bien en el Grupo 1 los participantes son personas físicas (cada una con sus habilidades y capacidad de proporcionar ciertos servicios en ciertos pares de lenguas), en el caso del Grupo 2 se trata de empresas con trabajadores a su cargo (tanto en plantilla como autónomos), con lo que el abanico de servicios y lenguas es sustancialmente mayor. De hecho, las opciones que se proporcionan en el cuestionario parecen incluso quedarse cortas para los encuestados del Grupo 2, visto el alto porcentaje de respuesta que obtiene la respuesta "otros servicios" (76 %, n = 38).

Tabla 1. Servicios ofrecidos por ambas poblaciones (traductores autónomos y agencias de traducción).

	Grupo 1 (autónomos) (n=68)	**Grupo 2 (agencias) (n=50)**
Traducción: traducción humana o automática, localización, posedición	95,6 % (n = 65)	98 % (n = 49)
Revisión y asesoramiento: revisión, corrección de estilo, asesoramiento lingüístico, testeo	73,5 % (n = 50)	88 % (n = 44)
Accesibilidad: subtitulado para personas sordas, audiodescripción para personas ciegas, lectura fácil	1,5 % (n = 1)	26 % (n = 13)
Interpretación	27,9 % (n = 19)	68 % (n = 34)
Otros servicios como: transcreación, transcripción	26,5 % (n = 18)	76 % (n = 38)

Si les preguntamos por la manera en que los servicios que ofrecen están representados en su facturación anual, la Tabla 2 abajo muestra cómo, una vez más, los servicios de traducción (ya sea humana o automática) predominan en el volumen de negocio de ambos grupos, sobre todo en el caso del Grupo 2 (72,4 %, SD = 21,95). En segundo lugar, volvemos a encontrar, para ambos grupos, la revisión, corrección y asesoramiento lingüístico (Grupo 1: 21,5 %, SD = 25,54; Grupo 2: 11,3 %, SD = 12,08). El resto de servicios, como puede observarse en la tabla, tiene una repercusión bastante inferior.

Tabla 2. Representatividad en el volumen de facturación de los servicios ofrecidos.

	Grupo 1 (autónomos) (n=68)	**Grupo 2 (agencias) (n=50)**
Traducción: traducción humana o automática, localización, posedición	68 % (SD = 28,79)	72,4 % (SD = 21,95)
Revisión y asesoramiento: revisión, corrección de estilo, asesoramiento lingüístico, testeo	21,5 % (SD = 25,54)	11,3 % (SD = 12,08)

(wird fortgeführt)

	Grupo 1 (autónomos) (n=68)	Grupo 2 (agencias) (n=50)
Accesibilidad: subtitulado para personas sordas, audiodescripción para personas ciegas, lectura fácil	0,01 % (SD = 0,12)	2,4 % (SD = 5,63)
Interpretación	6,4% (SD = 17,96)	6,8% (SD = 11,94)
Otros servicios como: transcreación, transcripción	4,2% (SD = 10,88)	7.1% (SD = 14,48)

2.2 Incidencia de la TA y la PE en los servicios ofrecidos

Por lo que respecta al uso que ambos grupos hacen de la TA y la PE (Tabla 3), vemos cómo, en el caso del Grupo 1, el 92,31 % de los encuestados (n = 60) afirma no ofrecer servicios de TA propiamente dichos a sus clientes. La cifra contrasta con los resultados del Grupo 2, que se sitúa en el 55,1 % (n = 27). Se trata de una de las diferencias principales hasta el momento de ambas muestras que puede dejar entrever, en cierta manera, el rechazo por parte del Grupo 1 a incluir la TA como un servicio más en su cartera, sobre todo teniendo en cuenta la disponibilidad y el fácil acceso (gratuito, en muchos casos) de los motores de TA.

Si nos fijamos en la PE, los resultados entre ambos grupos empiezan a igualarse. Respecto al Grupo 1, vemos cómo el 47,69 % de los traductores (n = 31) ofrece la PE de textos como un servicio más, cifra que en el caso del Grupo 2 asciende al 63,27 % (n = 31). De forma similar, en el caso de la revisión de textos ya poseditados, los resultados son del 41,54 % en el caso de los miembros del Grupo 1 (n = 27) y del 57,14 % (n = 28) en el Grupo 2.

Un dato interesante, sobre todo entre los miembros del Grupo 1, es la gran diferencia de enfoque en cuanto a ofrecer (o publicitar) servicios de TA y PE. Como puede observarse, la diferencia entre el primero y el segundo es particularmente alta [un 6,15 % (n = 4) ofrece servicios de TA frente al 47,69 % (n = 31) que ofrece servicios de PE], sobre todo si tenemos en cuenta que no hay PE sin TA previa y que, de forma velada, al ofrecer servicios de PE se está trabajando con TA de manera indirecta.

Tabla 3. Servicios ofrecidos relacionados con la TA.

	Grupo 1 – autónomos (n = 65)			Grupo 2 – agencias (n = 49)		
	Sí	No	NS/NC	Sí	No	NS/NC
Traducción automática	6,15 % (n = 4)	92,31 % (n = 60)	1,54 % (n = 1)	44,9 % (n = 22)	55,1 % (n = 27)	-
Posedición	47,69 % (n = 31)	44,62 % (n = 29)	7,69 % (n = 5)	63,27 % (n = 31)	34,7 % (n = 17)	2,04 % (n = 1)
Revisión de posedición	41,54 % (n = 27)	50,77 % (n = 33)	7,69 % (n = 5)	57,14 % (n = 28)	36,73 % (n = 18)	6,12 % (n = 3)

Seguidamente, preguntamos a los encuestados, respecto a su volumen de trabajo, por el uso que hacen de la TA frente a la TH, así como el nivel de revisión que aplican a los textos que someten a TA (es decir, si la TA se entrega sin filtro alguno de revisión o si, por el contrario, poseditan los textos que reciben o incluso si hacen una segunda ronda de revisión antes de entregar el texto que ha sido poseditado previamente).

Como ilustra la Tabla 4, el servicio mayoritario que ofrecen los encuestados, tanto entre el grupo de traductores autónomos como entre las agencias de traducción, sigue siendo el de TH. En el caso del Grupo 1, la relación entre ambos es del 74,43 % (SD = 23,77) para la TH frente al 25,57 % de la TA. Dicho de otro modo: tres cuartas partes del volumen de trabajo de los encuestados continúa siendo, hoy en día, TH. La relación en el Grupo 2 es similar, salvo que el porcentaje de TH es ligeramente inferior al del Grupo 1 (68,47 %, SD = 23,89). En cualquier caso, se constata que la TA tiene un uso minoritario (nada desdeñable, por otro lado) que, en términos generales, se sitúa entre un cuarto y un tercio del volumen de trabajo de los encuestados.

En cuanto a la gestión de encargos que implican el uso de motores de TA, vemos que entre los encuestados del Grupo 1 lo más habitual es poseditar el texto traducido (44,94 %, SD = 43,21), si bien alrededor de una cuarta parte (24,54 %, SD = 35,33) complementa dicha PE con una ronda de revisión final previa a la entrega del texto. En el caso del Grupo 2, este último filtro de calidad (PE + revisión) es la opción más habitual (48,12 %, SD = 42,45), quizá por contar con mayores recursos de personal en la empresa.

Destaca, por un lado, el ínfimo porcentaje de encuestados entre ambos grupos que recurre a la TA sin ningún tratamiento textual posterior (Grupo

1: 1,94 %, SD = 6,14; Grupo 2: 1,64 %, SD = 4,01). Esta cifra podría servir de indicador indirecto sobre cómo los encuestados ven su labor, pese al uso de motores de TA, como indispensable para garantizar la calidad final del texto. Destaca también el elevado porcentaje de encuestados en el Grupo 1 (28,6 %, n = 20) que rechazaron contestar esta pregunta, cosa que plantea diversos interrogantes en la investigación sobre las causas que podrían llevarlos a no contestar.

Tabla 4. Representatividad de la TA, PE y revisión de PE en el conjunto de sus ingresos.

	Grupo 1 (autónomos) (n=68)	Grupo 2 (agencias) (n=50)
Traducción humana (TOTAL)	74,43 % (SD = 23,77)	68,47 % (SD = 23,89)
Traducción automática (TOTAL)	25,57 % (SD = 23,77)	31,53 % (SD = 23,89)
Solo traducción automática	1,94 % (SD = 6,14)	1,64 % (SD = 4,01)
Traducción automática y posedición	44,94 % (SD = 43,21)	38,12 % (SD = 39,99)
Traducción automática, posedición y revisión de posedición	24,54 % (SD = 35,33)	48,12 % (SD = 42,45)
NS/NC	28,6 %	12,2 %

2.3 Introducción de la TA y la PE y evolución temporal

En cuanto al desarrollo temporal y la manera en que ha ido evolucionando entre ambos grupos la incorporación de la TA y la PE a su cartera de servicios, la Figura 1 y la Figura 2 abajo son particularmente ilustrativas. De hecho, aunque ambas tienen sus elementos diferenciadores, se aprecia una tendencia global al alza que tiene, como veremos a continuación, un punto de inflexión en 2016/2017, fecha que se corresponde con el lanzamiento de dos de los motores de TA basados en redes neuronales más populares del mercado[1]. En el caso del Grupo 2 (agencias de traducción), vemos

1 Google incorpora en 2016 su sistema de traducción automática neuronal. DeepL, por su parte, lo haría un año después, en 2017.

que el uso de la TA ha sido más constante desde el año 2000, si bien el crecimiento exponencial se produce, como hemos señalado ya, en 2016. El resto de tareas relacionadas con la TA (PE y revisión de la PE) siguen la misma dinámica que la TA, salvo que lo hacen en menor medida.

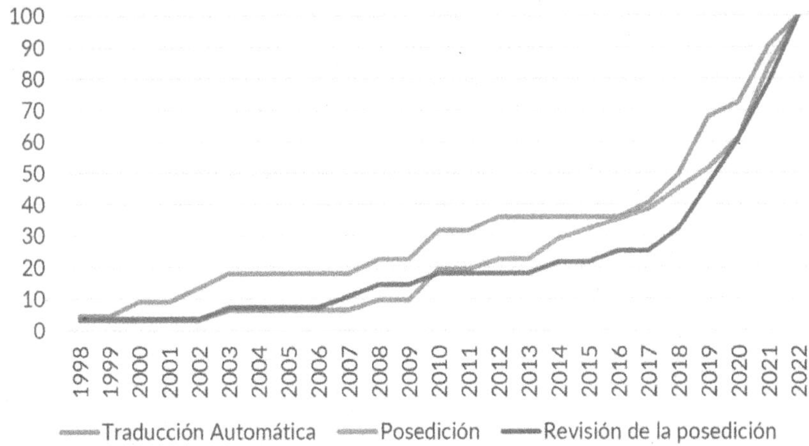

Figura 1. Evolución en el tiempo de la incorporación de TA y PE. Agencias.

En el caso del Grupo 1, dentro de ese crecimiento constante vemos que la situación es ligeramente diferente. Para empezar, se observa que la PE y la revisión de la PE comienzan como actividad profesional antes que la TA propiamente dicha, probablemente debido al volumen de TA (y consecuente necesidad de PE) de las agencias de traducción. La presencia de TA, por su parte, es prácticamente inexistente hasta 2017 (y posteriormente 2019), donde se observan picos de crecimiento exponencial.

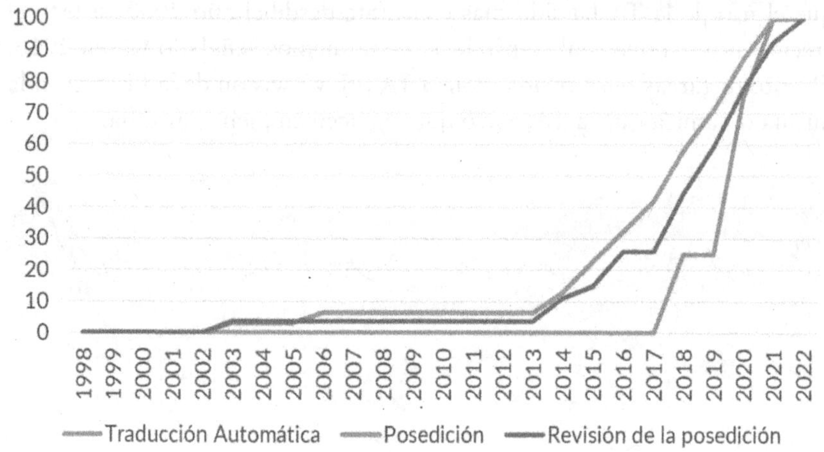

Figura 2. Evolución en el tiempo de la incorporación de TA y PE. Autónomos.

2.4 Motivos por los que (no) ofrecer servicios de TA y PE

Respecto a los motivos que llevan a los encuestados a ofrecer servicios de TA y PE (Tabla 5), vemos cómo, en el Grupo 1, la clara mayoría se refiere a las demandas del cliente como razón principal (61,29 %, n = 19). En segundo lugar, aunque con una distancia marcada respecto a la primera opción, aparece el poder aumentar la velocidad de traducción y revisión textual (16,13 %, n = 5). De hecho, esta misma opción, junto al hecho de poder aceptar un mayor volumen de trabajo, son las causas secundarias que escogen principalmente los encuestados (25,81 %, n = 8).

En el Grupo 2, la razón principal que argumentan los encuestados son los costes del cliente y el afán de ser más competitivos en el plano económico (37,5 %, n = 12), aunque el espectro de respuestas se encuentra más repartido que en el caso del Grupo 1. Tras él, aparecerían las demandas del cliente de gestionar un proyecto determinado mediante motores de TA o la creencia de que es la mejor manera de gestionar ciertos proyectos de traducción (15, 63 %, n = 5). Como motivos secundarios, vuelve a aparecer el hecho de que la TA sea la mejor manera de gestionar ciertos proyectos (40, 63 %, n = 13) y, sobre todo, el hecho de que la TA permita trabajar con mayor velocidad (62,5 %, n = 20).

El hecho de que los traductores autónomos argumenten en mayor medida que, si ofrecen servicios de TA y PE, lo hacen a instancias del cliente; y que, en el caso de las agencias de traducción, estas aludan a la velocidad o a ser más competitivas, puede suponer también un punto de fuga entre ambos grupos muestrales, lo que ayudaría a contextualizar algunas de las diferencias en cuanto a actitudes y percepciones que se exploran en el capítulo anterior.

Tabla 5. Motivos para prestar servicios de TA, PE y/o revisión de PE.

	Grupo 1 (autónomos) (n = 31)		Grupo 2 (agencias) (n = 32)	
	Motivo principal	Otros	Motivo principal	Otros
Permite un mayor volumen de trabajo	9,68 % (n = 3)	25,81 % (n = 8)	12,5 % (n = 4)	6,25 % (n = 2)
Permite trabajar de forma más rápida	16,13 % (n = 5)	25,81 % (n = 8)	12,5 % (n = 4)	62,5 % (n = 20)
Permite reducir los costes para el cliente	6,45 % (n = 2)	16,13 % (n = 5)	37,5 % (n = 12)	31,25 % (n = 10)
Es la mejor forma de gestionar determinados proyectos	3,23 % (n = 1)	16,13 % (n = 5)	15,63 % (n = 5)	40,63 % (n = 13)
Los clientes la solicitan	61,29 % (n = 19)	6,45 % (n = 2)	15,63 % (n = 5)	18,75 % (n = 6)
Facilita los procesos de traducción	-	-	3,13 % (n = 1)	21,88 % (n = 7)
Amortiza la inversión en sistemas de traducción automática	3,23 % (n = 1)	9,68 % (n = 3)	3,13 % (n = 1)	6,25 % (n = 2)

Respecto a las razones que llevan a ambos grupos a no ofrecer servicios de TA y PE (Tabla 6), los encuestados del Grupo 1, de forma mayoritaria, alegan la falta de calidad de los motores de TA (50 %, n = 17), seguido, aunque con cierta distancia, de la falta de rentabilidad asociada a los encargos de TA (14, 71 %, n = 5) o el hecho de que, en la profesión, se funcione bien sin la necesidad de recurrir a la TA (11,76 %, n = 4). Este último aparece también como principal motivo secundario, con el mismo número de respuestas (35,29 %, n = 12) que aquellos encuestados que opinan que la TA supone mayor trabajo que la TH.

Respecto al Grupo 2, el 52,94 % de los encuestados (n = 9) argumentan, al igual que los traductores autónomos del Grupo 1, que las traducciones requieren una calidad que no ofrece la TA. Entre los motivos secundarios, además, se menciona también la menor rentabilidad de los encargos (35,29 %, n = 6) o el hecho de que suponga mayor trabajo y esfuerzo que la TH (41,28 %, n = 7).

En cualquier caso, si analizamos el panorama global vemos cómo, tanto en un grupo como en el otro, el número de encuestados que elige contestar a esta pregunta y a la pregunta anterior es particularmente inferior al del resto de preguntas del cuestionario. Así, si como tónica general el Grupo 1 estaba formado por 68 individuos y el Grupo 2 estaba formado por 50 individuos, a la pregunta de por qué ofrecer servicios de TA y PE solo contestan 31 individuos del Grupo 1 (45,59 % de la muestra) y 32 individuos del Grupo 2 (64 % de la muestra). Sin embargo, en la segunda pregunta (por qué no ofrecer TA y PE), el número de individuos del Grupo 1 que decide contestar es de 34 (50 % de la muestra) y, del Grupo 2, 17 (35 % de la muestra).

Si comparamos ambos, es interesante comprobar que, en el caso de los traductores autónomos, solo alrededor de la mitad de la muestra contesta a ambas preguntas (sobre todo la de por qué no ofrecer servicios de TA y PE, con tres respuestas más que la primera); mientras que, en el Grupo 2, es precisamente esa pregunta la que menor índice de respuesta tiene (35 % de la muestra, en comparación con el 64 % que contestaba a la primera pregunta).

Quizá el índice de respuesta en sí mismo, además de las respuestas propiamente dichas, sea significativo también a la hora de matizar y caracterizar las opiniones de ambos grupos respecto al tema que nos ocupa.

Tabla 6. Motivos para no prestar servicios de TA, posedición y/o revisión de posedición.

	Grupo 1 (autónomos) (n = 34)		**Grupo 2 (agencias) (n = 17)**	
	Motivo principal	**Otros**	**Motivo principal**	**Otros**
Las traducciones requieren una calidad que no ofrece la TA	50 % (n = 17)	29,41 % (n = 10)	52,94 % (n = 9)	17,65 % (n = 3)

	Grupo 1 (autónomos) (n = 34)		Grupo 2 (agencias) (n = 17)	
	Motivo principal	Otros	Motivo principal	Otros
Funcionamos bien sin TA	11,76 % (n = 4)	35,29 % (n = 12)	17,65 % (n = 3)	23,53 % (n = 4)
Supone más trabajo que la traducción humana	2.94 % (n = 1)	35,29 % (n = 12)	-	41,28 % (n = 7)
Es menos rentable que la traducción humana	14,71 % (n = 5)	20,59 % (n = 7)	5,88 % (n = 1)	35,29 % (n = 6)
Implica una reducción de ingresos	8,82 % (n = 3)	26,47 % (n = 9)	11,76 % (n = 2)	17,65 % (n = 3)
No disponemos de sistemas de TA propios	5,88 % (n = 2)	11,76 % (n = 4)	-	23,53 % (n = 4)
No tenemos formación en TA o posedición	-	23,53 % (n = 8)	11,76 % (n = 2)	5,88 % (n = 1)
No sabemos/s cómo se realiza	5,88 % (n = 2)	2.94 % (n = 1)	-	5,88 % (n = 1)

2.5 Sectores para los que trabajan e incidencia de la TA y la PE

Seguidamente, se preguntó a los encuestados por los sectores en los que trabajan habitualmente, así como el uso que hacen de la TA y la PE en dichos sectores. Como puede observarse en la Tabla 7 abajo, vemos cierta discrepancia entre el número de respuestas que encontramos en una y otra pregunta. Así, si bien en ambos grupos el número de respuestas totales respecto a los sectores más habituales en los que trabajan coincide con el conjunto de la muestra (Grupo 1: n = 68; Grupo 2: n = 50), el índice de respuestas cae al 45,56 % en el Grupo 1 (n = 31) y al 64 % en el Grupo 2 (n = 32) cuando se pregunta a los encuestados por el uso que hacen de la TA y la PE. Se trata de un dato significativo en tanto en cuanto revela cierta reticencia por parte de los encuestados (sobre todo los del Grupo 1, como ya hemos visto anteriormente) de revelar el uso que hacen de la TA en su día a día.

En cualquier caso, entre los encuestados del Grupo 1 los sectores más habituales son el de la traducción jurídica (47,06 %, n = 32), seguido por la traducción para la Administración, la banca y los negocios y la traducción de publicidad y *marketing* (ambos con un 36,76 % de respuestas, n = 25). Sin embargo, en ninguno de los tres sectores la TA y la PE tienen un papel preponderante. Esto es particularmente significativo en el caso de la publicidad, donde, de los 25 encuestados que afirmaron trabajar para el sector (36,76 % de la muestra), solo dos (6,45 % de la muestra) confesaron utilizar TA. El patrón se repite también en el caso de otro sector donde la creatividad es clave, como es la traducción para los medios de comunicación y la industria del entretenimiento, donde solo uno de los encuestados (de los 16 totales que afirman traducir para ese sector) confirma el uso de sistemas de TA en su quehacer profesional. Destaca también el sector de la economía y las finanzas donde, con un 30,88 % de incidencia (n = 21), ninguno de los traductores afirmó utilizar TA.

En el extremo opuesto, es decir, aquel sector con mayor incidencia de TA, destaca la traducción técnica para la industria, donde de los 24 encuestados que afirman trabajar para el sector, la mitad lo hace mediante TA (38,71 % de la muestra, n = 12).

En el caso del Grupo 2, los sectores más habituales vuelven a ser el de la Administración, banca y negocios (70 %, n = 35), la traducción jurídica (66 %, n = 33) y la publicidad y el *marketing* (64 %, n = 32). Una vez más, tal y como hemos visto en preguntas anteriores, el porcentaje global de respuestas es más alto en el Grupo 2 ya que, al tratarse de agencias de traducción, pueden ofrecer un mayor catálogo de servicios. Estos tres sectores coinciden también con algunos de los sectores donde mayor incidencia tiene la TA: Administración, banca y negocios y traducción jurídica (ambos con 40,61 %, n = 13) o traducción para la industria (28,13 %, n = 9).

Observamos, también en línea con respuestas anteriores, que en el Grupo 2 se hace un uso más sistemático de la TA y la PE en prácticamente todos los sectores, con la excepción de la traducción para la industria y la ingeniería, donde el uso de la TA tuvo mayor incidencia entre los encuestados del Grupo 1. Al igual que en el primer grupo de encuestados, la traducción para los medios de comunicación y la industria del entretenimiento fue el sector con menor incidencia de TA (9,38 %, n = 3).

Tabla 7. Sectores con los que trabajan principalmente y uso de TA/PE en dichos sectores.

	Grupo 1 (autónomos)		Grupo 2 (agencias)	
	Represen. (n=68)	Uso de TA/PE (n=31)	Represen. (n=50)	Uso de TA/PE (n=32)
Administración, banca, negocios, economía y finanzas	36,76 % (n = 25)	12,9 % (n = 4)	70 % (n = 35)	40,61 % (n = 13)
Jurídico	47,06 % (n = 32)	12,9 % (n = 4)	66 % (n = 33)	40,61 % (n = 13)
Publicidad, *marketing* y relaciones públicas	36,76 % (n = 25)	6,45 % (n = 2)	64 % (n = 32)	21,88 % (n = 7)
Industria	35,29 % (n = 24)	38,71 % (n = 12)	52 % (n = 26)	28,13 % (n = 9)
Economía y finanzas	30,88 % (n = 21)	-	46 % (n = 23)	-
Medicina y atención al paciente	23,53 % (n = 16)	9,68 % (n = 3)	38 % (n = 19)	18,75 % (n = 6)
Ingeniería	22,06 % (n = 15)	16,13 % (n = 5)	36 % (n = 18)	9,38 % (n = 3)
Entretenimiento y medios de comunicación	23,53 % (n = 16)	3,23 % (n = 1)	30 % (n = 15)	9,38 % (n = 3)
Arte y humanidades	27,94 % (n = 19)	9,68 % (n = 3)	22 % (n = 11)	15,63 % (n = 5)
Ciencias sociales	20,59 % (n = 14)	6,45 % (n = 2)	14 % (n = 7)	12,5 % (n = 4)
Localización	17,65 % (n = 12)	6,45 % (n = 2)	34 % (n = 17)	21,88 % (n = 7)

2.6 Sistemas de TA utilizados y nivel de satisfacción

Por último, las Tablas 8 y 9 abajo recogen información sobre los sistemas de TA que utilizan ambos grupos muestrales, así como el nivel de satisfacción con dichos sistemas. Nótese el número de respuestas que se obtiene de cada grupo muestral. De los 68 encuestados en el Grupo 1, solo cuatro (un 5,88 % de la muestra) contesta a la pregunta, con lo que la representatividad de los datos obtenidos es ínfima. Sin embargo, no deja de ser un indicador de la percepción general de los traductores autónomos encuestados respecto a la TA y la reticencia a compartir información sobre su uso profesional, como ya hemos visto en preguntas anteriores. En el caso del Grupo 2, el índice de respuesta es del 60 % (n = 32), cifra notablemente mayor que en el caso del Grupo 1 pero, aun así, muy por debajo del índice de respuestas del Grupo 2 en otras preguntas del cuestionario.

Como puede observarse, el número de respuestas de cada grupo hace que la casuística sea más compleja entre los encuestados del Grupo 2 que entre los encuestados del Grupo 1. Entre los primeros, solo se hace mención a dos tipos de sistema de TA: los proveedores de TA externos (75 %, n = 3) y los sistemas de TA gestionados por una empresa externa (25 %, n = 1). Respecto a los primeros, las opiniones se reparten equitativamente entre "bastante satisfecho" y "poco satisfecho". De forma similar, y respecto a los segundos, el encuestado se muestra también "bastante satisfecho". Destaca que los sistemas de TA gratuitos disponibles *online* no reciban respuesta alguna, así como que ninguno de los encuestados se muestre "muy satisfecho" con el uso de los sistemas de TA.

Respecto al Grupo 2, el mayor índice de respuestas tiene como resultado una mayor variabilidad en cuanto a los tipos de sistema de TA empleados. El más habitual, al igual que en el Grupo 1, sigue siendo el proveedor de TA externo (59,1 %, n = 13), seguido por el sistema de TA *in-house* propio (36,4 %, n = 8). A diferencia del Grupo 1, las agencias del Grupo 2 sí reconocen (aunque sea de forma marginal) hacer uso de sistemas de TA gratuitos disponibles en línea (18,2 %, n = 4). Respecto a las opiniones en cuanto a los sistemas de TA utilizados, 7 de los encuestados se muestran "muy satisfechos" con el sistema de TA elegido y 17 encuestados más se sienten "bastante satisfechos". A diferencia del Grupo 1, no hay opiniones negativas sobre los motores en cuestión. Entre las cuatro opciones marcadas por los encuestados, la tónica habitual suele ser la de "bastante satisfecho", independientemente del tipo de motor empleado.

Tabla 8. Sistemas de TA utilizados y nivel de satisfacción (traductores autónomos).

Grupo 1 (autónomos) (n=4)				
		Bastante satisfecho	**Ni mucho ni poco satisfecho**	**Poco satisfecho**
Proveedor de TA externo	75 % (n = 3)	33,3 % (n= 1)	33,3 % (n= 1)	33,3 % (n= 1)

Grupo 1 (autónomos) (n=4)				
		Bastante satisfecho	**Ni mucho ni poco satisfecho**	**Poco satisfecho**
Sistema de TA gestionado por una empresa externa	25 % (n = 1)	100 % (n= 1)		

Tabla 9. Sistemas de TA utilizados y nivel de satisfacción (agencias).

Grupo 2 (agencias) (n=30)				
		Muy satisfecho	**Bastante satisfecho**	**Ni mucho ni poco satisfecho**
Proveedor de TA externo	59,1 % (n = 13)	23,1 % (n = 3)	53,8 % (n = 7)	23,1 % (n = 3)
Sistema de TA *in-house* propio	36,4 % (n = 8)	37 % (n = 3)	63 % (n = 5)	-
Sistema de TA *in-house* gestionado por una empresa externa	18,2 % (n = 4)	25 % (n = 1)	50 % (n = 2)	25 % (n = 1)
Sistema de traducción automática gratuito disponible online	18,2 % (n = 4)	-	75 % (n = 3)	25 % (n = 1)
NS/NC	4,5 % (n = 1)			

3 Tarifas y prácticas profesionales

Tras desgranar los datos referidos a la labor profesional de los encuestados y a cómo esta se ha visto potenciada, o constreñida, por la TA y la PE, seguidamente nos centramos en el análisis de las preguntas del cuestionario relativas a tarifas y prácticas profesionales.

En primer lugar, este bloque incluye una pregunta sobre cómo facturan la PE las empresas y los traductores autónomos participantes en la investigación. A continuación, encontramos preguntas acerca de la percepción de los participantes sobre posibles cambios en las tarifas en los tres últimos años, así como sobre motivos potenciales a los que se deben dichos cambios. Deliberadamente, dejamos fuera del cuestionario preguntas de naturaleza delicada, como aquellas referentes a las tarifas concretas a las que los encuestados pagan o cobran la PE.

En segundo lugar, en este epígrafe se presentan tres preguntas sobre otras cuestiones relacionadas con el ejercicio de la profesión. A saber: una pregunta sobre cómo evalúan empresas y autónomos la calidad de una TA y el consecuente esfuerzo de PE, una pregunta sobre los códigos deontológicos seguidos por ambos grupos poblacionales y una última pregunta, únicamente dirigida a las empresas, sobre si estas cuentan con alguna certificación internacional de calidad ISO.

3.1 Tarifas

3.1.1 Formas de facturar la posedición

En primer lugar, en este bloque de preguntas recopilamos información sobre cómo facturan la PE las empresas y los traductores. Tal y como vemos en la Tabla 10, del total de empresas y traductores participantes en el estudio (50 y 68, respectivamente), a esta pregunta solo respondieron quienes habían especificado previamente que ofrecían el servicio de PE, es decir, 31 empresas y 31 traductores. De forma generalizada, tanto empresas como autónomos afirman facturar la PE mayoritariamente por palabras [83 % (n = 26) en ambos grupos]. Algo menos de la mitad de los traductores (el 45,2 %, n = 14) indica facturar por horas, un porcentaje que se reduce hasta el 32,3 % (n = 10) en el caso de las empresas. Solo un participante (traductor autónomo) afirma facturar por espacios y solo una empresa declara (en el apartado "Otros") hacerlo según cambios realizados durante el proceso de PE. El número medio de sistemas utilizados por las empresas es de 1,2, mientras que el de los traductores asciende a 1,4.

Tabla 10. Modo de facturación de la PE.

	Grupo 1 (Autónomos) n = 31	**Grupo 2 (Agencias)** n = 31
Por palabras	83,9 % (n = 26)	83,9 % (n = 26)
Por horas	45,2 % (n = 14)	32,3 % (n = 10)
Por espacios	3,2 % (n = 1)	3,2 % (n = 1)
Otros	-	3,2 % (n = 1)
NS/NC	3,2 % (n = 1)	-

Los resultados obtenidos en esta pregunta se encuentran en línea con los recabados en otros estudios, como el de Pérez-Macías (2017) o el informe ELIS de 2022, ya que, en la gran mayoría de los casos, tanto empresas como traductores facturan la PE del mismo modo en que se suele facturar la traducción en el sector, es decir, por palabra. No obstante, cada vez más voces argumentan (ELIS, 2022; Inglada Florensa, 2021) que este modelo de tarificación no siempre resulta útil cuando hablamos de proyectos de PE (y, en general, en proyectos de traducción), ya que no tiene en cuenta el esfuerzo que puede suponer cada encargo de PE de manera individual, el cual variará en función de la calidad de la traducción que ofrezca el motor de TA, la longitud de las frases, la temática, la complejidad del texto en sí, etc. Probablemente, el pago de la PE por hora de trabajo (calculado o no a través de algoritmos que tengan en cuenta el nivel de esfuerzo potencial requerido en cada caso) podría solucionar este problema y resultar más justo para todas las partes implicadas, aunque a la luz de los resultados de nuestro estudio, no parece que esta alternativa vaya a desbancar al tradicional pago por palabras, al menos a corto plazo.

3.1.2 Cambios en las tarifas del sector y en sus propias tarifas en los últimos 3 años

Otra de las cuestiones que más nos interesaba en relación con las tarifas era conocer la percepción general de las empresas y los traductores sobre si estas han bajado, subido o se han mantenido en los últimos años, y contrastar dicha visión con su experiencia particular. No son pocas las voces en el sector que han acusado o acusan a la TA de ser la responsable de una bajada de tarifas general, ya que, al menos cuando se empezó a utilizar, en muchas ocasiones los clientes describían la PE como una *revisión o corrección rápida de la TA*, por lo que se aplicaban tarifas de revisión a algo que, finalmente, se convertía en un ejercicio de retraducción. Actualmente, este sistema parece haber cambiado y, pese a que la PE parece estar pagándose a un precio inferior a la tarifa de traducción estándar (Inglada Florensa, 2021, p. 17), esta es superior a la tarifa de revisión, considerando que la PE requiere menos tiempo y esfuerzo que una traducción y permite alcanzar un volumen mayor de palabras por día. De cualquier forma, y sin entrar en un tema tan peliagudo como las tarifas exactas a las que se paga la PE, decidimos incluir en el cuestionario dos preguntas que nos permitieran conocer hasta qué punto las empresas y los traductores estiman que el empleo de la TA y la PE ha podido influir en la bajada de los precios del sector sobre otros posibles motivos.

En primer lugar, preguntamos a los participantes sobre cambios percibidos en las tarifas del sector en los últimos tres años. Las respuestas de ambos grupos poblacionales (véase Tabla 11) nos muestran que algo más de la mitad de los encuestados [el 52 % (n = 26) en el caso de las empresas y el 54,4 % (n = 37) en el caso de los traductores) han percibido cambios en las tarifas del sector en los últimos tres años y que, principalmente, la balanza se inclina hacia la reducción de las tarifas, tal y como sostiene el 44 % de las empresas (n = 22) y el 52,9 % de los traductores (n = 36), quienes se muestran algo más pesimistas. Pocos participantes apuntan haber percibido un aumento de las tarifas, aunque, nuevamente, las empresas son algo más optimistas que los traductores [8 % (n = 4) frente a 1,5 % (n = 1)]. Con la intención de conocer cuánto han cambiado las tarifas, también les preguntamos por el porcentaje en que dirían que se han modificado. La media de las respuestas de las empresas se sitúa en el -7,5 % y la de los autónomos en el -11 %, por lo que, en global, el descenso de las tarifas en los últimos tres años se podría cuantificar en torno al 10 %.

A simple vista, podríamos decir que los resultados referentes al sector no son buenos (las tarifas habrían bajado un 10 %, según la percepción de los encuestados). Sin embargo, para conocer verdaderamente el alcance del impacto de la bajada de las tarifas habría que averiguar si la facturación anual global de empresas y autónomos ha bajado o si, por el contrario, se ha mantenido o ha subido (¿son las tarifas más bajas, pero la facturación anual global se mantiene o sube gracias a un mayor volumen de palabras traducidas?, ¿son las tarifas más bajas y, al no haber aumento del volumen de palabras traducidas, el nivel de facturación anual baja?). Si España sigue una tendencia similar a la del resto del mundo, es muy probable que los ingresos anuales globales hayan subido. Según el Statista Research Department (2022), el volumen de facturación a nivel mundial en cuanto a servicios de traducción ha sido de 57,7 mil millones de dólares estadounidenses en el 2022, una cifra que duplica la alcanzada en 2009.

Tabla 11. Percepción sobre cambios en las tarifas en el sector en los últimos tres años.

	Grupo 1 (Autónomos) n = 68	Grupo 2 (Agencias) n = 50
Sí, han subido	1,5 % (n = 1)	8 % (n = 4)
Sí, han bajado	52,9 % (n = 36)	44 % (n = 22)
No, se han mantenido	38,2 % (n = 26)	36 % (n = 18)
NS/NC	7,4 % (n = 5)	12 % (n = 6)

Seguidamente, preguntamos a nuestros participantes por los cambios en sus propias tarifas en los últimos tres años (Tabla 12). En esta ocasión, solo una minoría indicó que sus propias tarifas hubieran cambiado, pues alrededor del 60 % [n = 43 (autónomos); n = 30 empresas)] apuntó que sus tarifas se han mantenido, tanto entre empresas como autónomos. En línea con este resultado, al preguntarles abiertamente por el porcentaje de cambio de sus propias tarifas, encontramos que apenas ha habido cambios en las tarifas medias de cada perfil (-1,6 % en el caso de las empresas y +1,6 % en el caso de los autónomos, según sus respuestas). Llama la atención la diferencia existente entre la percepción de cambios en las tarifas en el sector y el cambio propio de tarifas estimado. Esta diferencia resulta más acusada entre los autónomos (que pasan de una percepción global negativa del -11 % a una particular positiva del +1,6%) que entre las agencias (que situaban la bajada de tarifas general en el -7,5 % y sitúan la suya particular en el -1,6 %). Concretamente, vemos cómo la percepción de "lo que pasa fuera", en el sector, es bastante más pesimista que lo que realmente viven los encuestados en primera persona. Sin duda, se trata de un resultado interesante, relacionado con la psicología y sociología grupal de la profesión, en el que cabría profundizar en futuras publicaciones.

Tabla 12. Cambios en tarifas propias en los últimos tres años.

	Grupo 1 (Autónomos) n = 68	Grupo 2 (Agencias) n = 50
Sí, han subido	20,6 % (n = 14)	16 % (n = 8)
Sí, han bajado	11,8 % (n = 8)	20 % (n = 10)
No, se han mantenido	63,2 % (n = 43)	60 % (n = 30)
NS/NC	4,4 % (n = 3)	4 % (n = 2)

3.1.3 Motivos de la bajada de las tarifas en el sector

Al objeto de conocer los motivos de la bajada de las tarifas, preguntamos a los participantes por los motivos principales y secundarios que, a su juicio, justifican este cambio. Como vemos en las Tablas 13 y 14, a estas preguntas respondieron las 22 empresas y 36 traductores autónomos que anteriormente habían afirmado que las tarifas generales del sector habían bajado en los últimos 3 años.

Considerando los motivos principales y secundarios indicados por los participantes, podemos decir que, de manera global, el aumento de la competitividad y las presiones por parte del cliente son los factores que más creen ambas poblaciones que han contribuido a la bajada de las tarifas. Con ligeras diferencias, existe un alto grado de acuerdo entre las respuestas de ambos grupos poblacionales. Según las empresas, el motivo principal de la bajada de las tarifas es la competitividad del sector [indicada por el 50 % de estas (n =11)] y el motivo secundario, la presión por parte del cliente (63,6 %; n = 14)]. En el caso de los autónomos, la competitividad del sector y la presión por parte del cliente [ambas elegidas por el 33,3 % de los traductores (n = 12)] comparten la primera posición como motivos principales de la bajada de las tarifas, mientras que el uso de la IA o motores de traducción (38,9 %; n = 14), seguido muy de cerca por la competitividad del sector (36,1 %; n = 13), son los motivos secundarios más mencionados.

En un segundo nivel de causas se sitúa la percepción de que el uso de la IA o los motores de traducción hayan llevado a una bajada de tarifas de forma directa se sitúa en un segundo nivel de causas, y son la mitad de los traductores (el 50 %; n = 18) y más de dos tercios de las empresas (el 68,2 %; n = 15) quienes, entre motivo principal y secundario, acusan a estas herramientas de traducción del descenso en las tarifas. Por su parte, la automatización de procesos y el desarrollo de las tecnologías de traducción registran individualmente cifras inferiores, aunque si considerásemos ambos factores conjuntamente con el desarrollo de la IA y el desarrollo de los motores de TA, es decir, si pensamos en los tres factores como parte de una misma tendencia hacia la tecnologización y automatización de la profesión, estaríamos hablando del motivo secundario más indicado por empresas y autónomos como responsable de la bajada de tarifas.

Por último, parece que la crisis provocada por la COVID-19 ha afectado de manera desigual por sectores, y que el de la traducción no ha sido uno de los más afectados, como se desprende de que solo 2 participantes de los 58 estimen que la crisis provocada por la pandemia haya sido responsable de la bajada de las tarifas. La otra crisis que afronta el mundo en estos momentos, el conflicto entre Ucrania y Rusia, estalló después de que el cuestionario estuviera diseñado y empezara a administrarse, por lo que no podemos saber si ha tenido o tendrá en nuestro sector un efecto similar al que ha tenido la pandemia.

Tabla 13. Motivo principal de la bajada de las tarifas en el sector.

	Grupo 1 (Autónomos) n = 36	Grupo 2 (Agencias) n = 22
La presión por parte del cliente	33,3 % (n = 12)	18,2 % (n = 4)
La automatización de los procesos	2,8 % (n = 1)	4,5 % (n = 1)
El desarrollo de las tecnologías de la traducción	-	9,1 % (n = 2)
El aumento de la productividad	-	-
La competitividad del sector	33,3 % (n = 12)	50,0 % (n = 11)
El uso de la inteligencia artificial o motores de traducción	11,1 % (n = 4)	18,2 % (n = 4)
La crisis posterior a la pandemia	5,6 % (n = 2)	-
Otros	2,8 % (n = 1)	-
NS/NC	11,1 % (n = 4)	-

Tabla 14. Motivo/s secundario/s de la bajada de las tarifas en el sector.

	Grupo 1 (Autónomos) n = 36	Grupo 2 (Agencias) n = 22
La presión por parte del cliente	33,3 % (n = 12)	63,6 % (n = 14)
La automatización de los procesos	30,6 % (n = 11)	36,4 % (n = 8)
El desarrollo de las tecnologías de la traducción	19,4 % (n = 7)	27,3 % (n = 6)
El aumento de la productividad	2,8 % (n = 1)	4,5 % (n = 1)

(wird fortgeführt)

	Grupo 1 (Autónomos) n = 36	Grupo 2 (Agencias) n = 22
La competitividad del sector	36,1 % (n = 13)	31,8 % (n = 7)
El uso de la inteligencia artificial o motores de traducción	38,9 % (n = 14)	50,0 % (n = 11)
La crisis posterior a la pandemia	-	-
Otros	-	-
NS/NC	5,6 % (n = 2)	-

En líneas generales, los resultados anteriores nos muestran un panorama en el que ni las empresas ni los traductores responsabilizan en primer lugar a la TA de la bajada de las tarifas, aunque forme parte de los motivos más mencionados. De cualquier modo, se podría pensar que los motivos más mencionados por ambos grupos están estrechamente relacionados. Nos encontramos ante un sector cada vez más competitivo y en el que pesa mucho la presión de los clientes. Esta presión, a su vez, responde a la que pesa sobre sus propios hombros debido al incremento exponencial de textos que se generan mundialmente día a día y que necesariamente han de pasar por un proceso de traducción a distintos idiomas para su consumo casi inmediato por parte de los usuarios. La globalización, la internacionalización de los mercados, el desarrollo de Internet y los cambios en los hábitos de consumo de los usuarios son solo algunos de los hitos que forman parte de esta compleja ecuación. Así es cómo, ante volúmenes y costes de traducción a menudo inasumibles para los clientes, entra en juego la TA a modo de herramienta que permite hacer frente a la necesidad de traducir ingentes cantidades de texto y garantizar costes y tiempos de entrega reducidos.

3.2 Prácticas profesionales

3.2.1 Formas de evaluar la TA y PE

Tras las preguntas relativas a las tarifas, en la segunda parte de este bloque de preguntas estudiamos, en primer lugar, una cuestión muy relacionada con las anteriores: el procedimiento que siguen traductores y empresas para evaluar la calidad de la TA y medir, así, el esfuerzo de PE. En esta pregunta los encuestados podían marcar más de una opción de respuesta, pues era importante conocer todos los mecanismos que empleasen, no solo los predominantes. Los resultados, expuestos en la Tabla 15, nos muestran que los resultados de traductores autónomos y de empresas son muy dispares, ya que menos de la mitad (el 45,2 %; n = 14) de los traductores indican algún tipo de evaluación de la TA, frente al 90,3 % de las empresas (n = 28) que sí indican, al menos, un tipo de evaluación.

En cuanto a los métodos de evaluación, son muy pocos los participantes que confían la evaluación de la calidad de la TA a métricas automáticas como BLEU, NIST, METEOR, etc. [solo el 9,7 % de los autónomos (n = 3) y el 12,9 % de las empresas (n = 4) indican emplearlas], quizá por desconocimiento de su existencia o porque consideren más fiable la evaluación manual. En el caso de los autónomos, la evaluación de la TA se realiza, principalmente, de manera manual (48,4 %; n = 15), aunque también hay un reducido porcentaje de traductores que no evalúa la calidad de la TA (12,9 %; n = 4). Pero lo que resulta más llamativo en esta pregunta es el elevado 41,9 % de los traductores (n = 13) que marca la opción de respuesta "NS/NC" (no sabe/no contesta), quizá por desconocimiento acerca de los procedimientos de evaluación de la calidad de la TA o, quizá, debido a que muchos no realicen tareas de TA+PE para clientes directos, sino únicamente de PE o de revisión de la PE para empresas de traducción que previamente han llevado a cabo la TA y evaluado su calidad. Por lo que respecta a las empresas, la evaluación manual, ya sea realizada por personal en plantilla o por colaboradores externos, es la que registra mayor incidencia (más de la mitad de quienes respondieron a esta pregunta aseguraron emplear uno de estos métodos o ambos). Afortunadamente, son muy pocas las empresas (solo el 6,5 %; n = 2) que no emplean ningún mecanismo de evaluación de calidad de la TA (y, por tanto, pueden medir el esfuerzo potencial de PE). En este punto, nos gustaría apuntar que consideramos esencial entender el resultado que arroja el sistema de TA para ser conscientes del esfuerzo que implica la tarea de PE y poder actuar en consecuencia.

Tabla 15. Forma/s de evaluar la calidad de la TA.

	Grupo 1 (Autónomos) n = 31	**Grupo 2 (Agencias) n = 31**
Evaluación humana con personal en plantilla	9,7 % (n = 3)	51,6 % (n = 16)
Evaluación humana con colaboradores externos	38,7 % (n = 12)	61,3 % (n = 19)
Métricas automáticas de evaluación tales como BLEU, NIST, METEOR, TER, WER, GTM, CDER, etc.	9,7 % (n = 3)	12,9 % (n = 4)
No se evalúa	12,9 % (n = 4)	6,5 % (n = 2)
NS/NC	41,9 % (n = 13)	3,2 % (n = 1)

3.2.2 Adhesión a códigos deontológicos

Otra de las preguntas de nuestro cuestionario se centró en conocer si los traductores y las empresas rigen su actuación por algún código deontológico o conjunto de normas éticas que garanticen que su actuación se ajusta a lo que convencionalmente se entendería como "bueno", "adecuado" o "justo" para todas las partes implicadas. La adhesión a determinadas normas éticas cobra especial importancia al hablar de TA y PE, un ámbito en el que cuestiones como la calidad que ofrecemos se ofrece al cliente, la sinceridad ante el cliente/la empresa sobre si un texto se ha traducido con PE o la TA de determinados textos a través de motores de traducción gratuitos generan mucha polémica.

Como podemos ver en la Tabla 16, en ambos perfiles poblacionales son más quienes indican seguir códigos deontológicos que quienes no lo hacen, si bien se observan algunas diferencias. Entre los autónomos, casi el 80 % de los profesionales (n = 54) indica seguir estos códigos, en su mayoría elaborados por asociaciones u organizaciones del sector (61,8 %; n = 42). Si observamos la Tabla 17, podemos apreciar que ASETRAD es la asociación que alcanza un mayor número de menciones, aunque cabe tener en cuenta que el directorio de esta asociación fue uno de los recursos empleados para distribuir la encuesta. Por otra parte, son menos los traductores que no se adhieren a ningún código en particular o que declaran seguir su propio código (el 29 %; n = 20). Entre las empresas, la mitad (62 %; n = 31) indican seguir códigos deontológicos, y se refieren en proporciones similares a los códigos propios (30 %; n = 15) y a los de asociaciones (32 %; n = 16). De las asociaciones citadas por las empresas, la ANETI es la que recibe mayor número de menciones, aunque, de nuevo, es justo reconocer que la ANETI fue otra de las vías de difusión del cuestionario. El porcentaje de empresas que reconocen no seguir ningún código en concreto es menor (el 26 %; n = 13). Aun así, este representa a más de un cuarto de las agencias encuestadas.

En este punto cabría preguntarse si el hecho de no seguir ningún código en concreto es necesariamente algo malo. En nuestra opinión, no tiene por qué ser malo *per se*, aunque la adhesión a uno, sobre todo si es de alguna asociación reconocida o si figura por escrito públicamente, permite ver al cliente o las empresas la voluntad de seguir un proceso de traducción ajustado a las normas y convenciones más extendidas en vigor.

Tabla 16. Adhesión a códigos deontológicos o profesionales del sector.

	Grupo 1 (Autónomos) n = 68	**Grupo 2 (Agencias) n = 50**
Sí, el de una asociación u organización del sector	61,8 % (n = 42)	32 % (n = 16)
Sí, nuestro propio código deontológico	17,6 % (n = 12)	30 % (n = 15)
No, no disponemos de códigos deontológicos	11,8 % (n = 8)	26 % (n = 13)
NS/NC	13,2 % (n = 9)	18 % (n = 9)

Tabla 17. Códigos a los que se adhieren.

	Grupo 1 (Autónomos) n = 42	**Grupo 2 (Agencias) n = 16**
Asociación Española de Traductores, Correctores e Intérpretes (ASETRAD)	81,0 % (n = 34)	12,5 (n = 2)
Asociación de Traducción y Adaptación Audiovisual de España (ATRAE)	7,1 % (n = 3)	6,3 (n = 1)

(wird fortgeführt)

	Grupo 1 (Autónomos) n = 42	**Grupo 2 (Agencias) n = 16**
Asociación de Autónomos (ATA)	2,4 % (n = 1)	-
Asociación Nacional de Empresas de Traducción e Interpretación (ANETI)	-	31,3 % (n = 5)
Asociación Profesional de Traductores e Intérpretes Judiciales y Jurados (APTIJ)	2,4 % (n = 1)	6,3 (n = 1)
Proz.com	2,4 % (n = 1)	6,3 (n = 1)
Otros: UNICO, Institute of Translation and Interpreting (ITI), Chartered Institute of Linguistics (CIOL), Xarxa, ACE-Traductores (ACETT), Neurolanguage coaching, Tradinfo.org, Instituto Galego de Promoción Económica (IGAPE)	31,0 % (n = 13)	6,3 (n = 1)
NS/NC	2,4 % (n = 1)	6,3 (n = 1)

3.2.3. *Certificaciones ISO*

La última pregunta de este bloque se refiere a las certificaciones o sellos de calidad ISO, de reconocimiento internacional para empresas en cuanto a los niveles de homogeneidad referentes a la gestión, desarrollo y prestación de servicios. Como vemos en la Tabla 18, algo más de la mitad de las empresas (el 56 %; n = 28) indica, en esta pregunta de respuesta múltiple, disponer de certificaciones ISO. Estas certificaciones son, en la mayoría de casos, referentes a los sistemas de gestión (48 %; n = 24) o de TH (42 %; n = 21). Solo una minoría de las empresas dispone de certificaciones ISO sobre PE de la TA (8 %; n = 4). Si consideramos únicamente el porcentaje de empresas del estudio que ofrece servicios de PE, las que disponen de este tipo de certificación supondrían el 18 % (n = 9). Este reducido porcentaje podría deberse a la relativa novedad de esta norma (publicada en 2017), a que muchas empresas llevan poco tiempo ofreciendo servicios de PE o a que la PE aún supone un porcentaje reducido sobre su volumen de trabajo total. Ante el incremento del volumen de trabajo con TA y PE que se prevé que se produzca en el sector en los próximos años, es más que probable que el porcentaje de empresas que cuente con esta certificación crezca, pues se trata de una norma que establece los procesos básicos, los recursos que se deben emplear y otros aspectos necesarios para la prestación de un servicio de PE que cumpla con las especificaciones aplicables y sea garantía de calidad ante el cliente. Por otra parte, en la Tabla 18 también observamos que es relativamente elevado el número de empresas que no cuenta con certificaciones ISO, quizá por tratarse de empresas pequeñas a las que no les resulta rentable su compra.

Tabla 18. Disposición de certificaciones ISO.

	Grupo 2 (Agencias) n = 50
ISO 17.100 sobre traducción humana	42 % (n = 21)
ISO 9.001 sobre sistemas de gestión	48 % (n = 24)
ISO 18.587 sobre posedición de la traducción automática	8 % (n = 4)
ISO 13485 sobre dispositivos médicos	2 % (n = 1)
No disponemos de ninguna certificación	36 % (n = 18)
NS/NC	8 % (n = 4)

4 Conclusiones

El objetivo de este segundo capítulo de resultados de la investigación ha sido continuar evaluando los resultados cuantitativos fruto de la distribución del cuestionario entre las poblaciones del estudio. Así, hemos explorado contrastivamente cuestiones relativas a 1) las tareas que llevan a cabo en cuanto a la TA y la PE y el uso que hacen de estas y 2) sus tarifas y prácticas profesionales.

Respecto a las tareas y usos de la TA y la PE por parte de ambos grupos, hemos constatado cómo, en su cartera de servicios, la traducción (sea TA o TH) ocupa un papel fundamental en tanto que servicio que ofrece prácticamente el 100 % de los encuestados. Se trata, como hemos apuntado, de un dato coherente que responde a las técnicas de muestreo aplicadas en la investigación. Esta actividad se ve complementada, en menor medida, con tareas de revisión y asesoramiento lingüístico (corrección de estilo, testeo, etc.) que conformarían, entre ambas, prácticamente la totalidad de los ingresos de los encuestados (68 % - 21,5 %, respectivamente, en el caso del Grupo 1; y 72,4 % - 11,3 % en el caso del Grupo 2). Lógicamente, los encuestados del Grupo 2, en tanto que agencias proveedoras de servicios lingüísticos, pueden ofrecer un catálogo de servicios mayor.

Si atendemos al uso de TA como servicio, empezamos a atisbar ciertas diferencias que se mantienen posteriormente a lo largo de esta sección del cuestionario: los encuestados del Grupo 1 no solo tienen percepciones más escépticas respecto a la TA y la PE (ver resultados en cuanto a opiniones y percepciones del capítulo anterior), sino que, consecuentemente, la ofrecen significativamente menos que los encuestados del Grupo 2 [el 92, 31 % (n = 60) no ofrece servicios de TA frente al 55,1 % (n = 27) del Grupo 2] y, lógicamente, supone un menor volumen de negocio (25,57 % de los ingresos anuales). En el caso de la PE, entendemos que el trabajo con agencias de traducción, donde mayoritariamente sí se oferta el servicio de TA + PE, hace que los encuestados del Grupo 1 sí ofrezcan este servicio en mayor medida (así lo hace, sin ir más lejos, el 47,69 % de los encuestados).

Si trazamos una línea temporal, vemos cómo los años 2016 y 2017 suponen un punto de inflexión para ambos grupos en la introducción, uso y explotación de la TA en su cartera de servicios. Sin embargo, se aprecian ciertas diferencias. Si bien los encuestados del Grupo 2 han ido incrementando los servicios de TA que ofrecen de forma paulatina pero consistente, entre los encuestados del Grupo 1 la irrupción es exponencial en 2017, año que coincide con el lanzamiento de los motores de TA basados en redes neuronales más populares del mercado.

Se aprecian diferencias también en los motivos que llevan a los encuestados a ofrecer servicios de TA y PE. Si bien para los traductores autónomos la razón principal es que lo hacen a instancias del cliente (y, en menor medida, el aumento de la velocidad en la traducción), para las agencias de traducción la razón fundamental es de índole económica, es decir, ser más competitivos en el mercado y para con sus clientes. Entre los motivos para no ofrecer estos servicios, destaca la falta de calidad de los motores o la menor rentabilidad de los proyectos de traducción. Tal y como hemos apuntado, un dato significativo es el número de encuestados que decide responder a esta pregunta y cómo, sobre todo entre los traductores autónomos, este disminuye a la hora de ofrecer razones para ofrecer servicios de TA y PE.

Esta falta de respuesta, sobre todo entre los encuestados del Grupo 1, se aprecia también cuando se les pregunta por cómo aplican la TA y la PE (si es que lo hacen) en los distintos sectores y segmentos de trabajo para los que traducen. Si bien ninguno de los encuestados del Grupo 1 tiene reparos en compartir en qué sectores se especializa, menos de la mitad de ellos comparte si integra (o cómo integra) la TA y la PE. Entre el Grupo 2 también se observa un descenso en las respuestas, pero no es tan acusado como en el caso del Grupo 1. En cualquier caso, se observa una mayor incidencia en el Grupo 2 en prácticamente todos los sectores.

Por último, ambos grupos confirman utilizar mayoritariamente proveedores de TA externos (y no otras opciones como motores de TA gratuitos en línea) cuando deciden trabajar con sistemas de TA; algo que, en el caso de las agencias de traducción, se complementa con sistemas de TA propios (*in-house*). Sin embargo, el reducido número de respuestas a este ítem del cuestionario hace que sea imposible hacer generalizaciones de ningún tipo.

En cuanto a la forma de facturar la PE, vemos que la gran mayoría de las empresas y los traductores lo hacen por palabras, aunque este método de facturación convive con otro que registra porcentajes menores: la facturación por horas. Teniendo en cuenta que el esfuerzo y el tiempo invertidos en cada encargo de PE puede variar mucho en función de la calidad de traducción ofrecida por el motor de TA, la facturación por horas podría resultar más justa para todas las partes implicadas. De cualquier forma, el hecho de que una mayoría particularmente significativa de ambos grupos facture actualmente por palabras nos hace pensar que la alternativa que presenta la facturación por horas no se impondrá, al menos a corto plazo, al método de facturación tradicional.

Si atendemos ahora a los cambios en las tarifas del sector en los últimos 3 años, podemos decir que el pesimismo reina en algo más de la mitad de los traductores y en algo menos de la mitad de las empresas, que se muestran algo menos negativas al respecto. Sin embargo, la disminución general en las tarifas que afirman haber percibido en los últimos tres años no se corresponde con su experiencia en primera persona, pues la gran mayoría de los encuestados de ambos grupos estima que sus propias tarifas han permanecido estables (e incluso, en el Grupo 1, parece que sus tarifas han subido ligeramente). Encontramos aquí un claro sesgo sobre la situación actual del sector en cuanto a las tarifas, principalmente entre los traductores autónomos, que podría estar relacionado con sus percepciones sobre la TA y la PE.

La supuesta bajada de tarifas del sector se debería, principalmente, al aumento de la competitividad y las presiones por parte del cliente, según afirman ambas poblaciones. En un segundo nivel de causas, encontramos el uso de la IA o los motores de TA, que más de la mitad de los traductores y más de dos tercios de las empresas consideran como responsable principal o secundario de la bajada de las tarifas. De cualquier forma, como hemos visto con anterioridad, estos tres motivos se encuentran estrechamente relacionados. Por su parte, la crisis provocada por el COVID-19 apenas parece haber tenido efecto en nuestro sector desde el punto de vista económico.

Por lo que respecta a las formas de evaluar la traducción que sale del motor de TA (para poder medir el esfuerzo potencial de PE), una cuestión claramente relacionada con las tarifas y condiciones de trabajo de los traductores, encontramos resultados dispares en ambos grupos poblacionales. Mientras que la gran mayoría de empresas emplea algún método de evaluación de la TA, menos de la mitad los autónomos declara emplearlos. Los métodos de evaluación más empleados por ambos grupos, sobre todo por las empresas, son los manuales (a través de personal en plantilla o de colaboradores externos). En cambio, el uso de métricas de evaluación automática (BLEU, NIST, METEOR, etc.) parece estar mínimamente extendido entre ambos grupos poblacionales.

En lo que se refiere a cuestiones de deontología de la práctica profesional, en ambos perfiles poblacionales son más quienes indican seguir algún código deontológico que quienes no lo hacen, si bien se observan algunas diferencias. Tres cuartas partes de los autónomos se adhieren a algún conjunto de normas éticas (fundamentalmente de alguna asociación profesional, aunque también propias), y es la asociación ASETRAD la que alcanza un mayor número de menciones. Ligeramente menor es el número de empresas que se adhieren a códigos deontológicos, a partes iguales repartido entre el de alguna asociación profesional (la más referida es la ANETI) y el suyo propio.

Con relación a las certificaciones ISO, que a nivel internacional establecen niveles de calidad y homogeneidad en cuanto a la gestión, el desarrollo y la prestación de servicios, algo más de la mitad de las empresas encuestadas cuenta con alguna. Estas certificaciones son, en la mayoría de los casos, referentes a sistemas de gestión o de TH. Contadas son las empresas que cuentan con la norma ISO sobre PE, quizá debido a su relativa novedad, a que no todas las empresas de la muestra ofrecen servicios de PE o a la inversión económica que supone la compra de una norma ISO.

Presentados y analizados los resultados de nuestro cuestionario referentes a las tareas y usos que hacen ambos grupos de población de la TA y sus prácticas profesionales y tarifas, solo nos resta emplazarnos a futuras investigaciones, en las que seguiremos indagando en los datos recogidos, los contrastaremos con los recabados en la fase cualitativa de la investigación y propondremos puentes de unión y vías de comunicación entre la universidad y la industria con el fin último de aportar nuestro granito de arena a la mejora de la profesión y de la formación de los traductores futuros.

Referencias

Comisión Europea, Dirección General de Traducción. (2022). European Language Industry Survey 2022. Recuperado de: https://ec.europa.eu/info/sites/default/files/about_the_european_commission/service_standards_and_principles/documents/elis2022-report.pdf [Último acceso: 14 de octubre de 2022].

Inglada Florensa, R. (2021). Traducción automática y tarifas: la eterna incógnita. *Punto y Coma: Boletín de los traductores españoles en las instituciones de la Unión Europea (Bruselas y Luxemburgo)*, 170, 16-19.

Pérez-Macías, L. (2017). *Análisis de las percepciones en torno a la práctica de la posedición en el sector profesional de la traducción en España.* [Tesis de doctorado no publicada]. Universidad Pablo de Olavide.

Statista Research Department. (2022). *Language services industry in the U.S. - statistics & facts.* https://www.statista.com/statistics/257656/size-of-the-global-language-services-market/

Analía Cuadrado-Rey

Universitat d'Alacant

Aspectos éticos y profesionales de la traducción automática

Resumen: El impacto de las nuevas tecnologías, el desarrollo de la inteligencia artificial, así como la estandarización de procesos han cambiado sustancialmente las reglas del juego tanto para los traductores como para sus clientes. En efecto, la progresión tecnológica y popularización de la traducción automática han impactado no solo en el quehacer diario y las actividades profesionales del traductor (Vasilescu, 2014), sino también en las condiciones laborales de los traductores (do Carmo, 2020). En paralelo a estos cambios, han surgido múltiples debates sobre la ética y la responsabilidad del traductor ante este nuevo escenario (Bowker, 2020). De este modo, se hace necesaria una reconfiguración de una ética profesional que incorpore estos nuevos elementos al código deontológico de la profesión. Las antiguas respuestas deben revisarse teniendo en cuenta los importantes cambios que ha experimentado el mercado de la traducción y el entorno de trabajo profesional. En el presente trabajo nos planteamos, por un lado, determinar los conceptos éticos convergentes de los códigos deontológicos de las principales asociaciones de traductores e intérpretes profesionales de España y por otro, reflexionar sobre la ética en la práctica de la posedición.

Abstract: The impact of new technologies, the development of artificial intelligence, as well as the standardisation of processes have substantially changed the governing principles for both translators and their clients. Indeed, the technological development and popularisation of machine translation have impacted not only on the translator's daily work and professional activities (Vasilescu, 2014), but also on the working conditions of translators (do Carmo, 2020). Parallel to these changes, multiple debates have arisen about the ethics and responsibility of the translator in this new scenario (Bowker, 2020). Thus, a reconfiguration of professional ethics that incorporates these new elements into the profession's code of ethics is necessary. Old assumptions must be revised in light of the recent major changes in the translation market and the professional working environment. In this paper we aim to determine the ethical concepts converging in the codes of ethics of the main professional translators' and interpreters' associations in Spain and to reflect on ethics in post-editing practice.

Palabras clave: traducción automática, posedición, aspectos éticos, códigos deontológicos, autónomos, empresas

Keywords: machine translation, post-editing, ethical aspects, codes of ethics, freelancers, translation companies

1 Introducción

Las nuevas tecnologías, el desarrollo de la IA, así como la estandarización de procesos han cambiado sustancialmente las reglas del juego tanto para los traductores como para sus clientes. En efecto, la progresión tecnológica y popularización de la TA han impactado no solo en las tareas diarias y las actividades profesionales del traductor (Vasilescu, 2014), sino también en las condiciones laborales de los traductores (do Carmo, 2020). La aparición de los actuales sistemas de TAN ha supuesto una verdadera revolución en el mundo de la traducción profesional, ya que permiten obtener traducciones con calidad destacable en relación con los anteriores sistemas de TA (véase el capítulo 2 de esta obra), además de contribuir a la estandarización de procesos.

El impacto de las nuevas tecnologías en la profesión del traductor ha venido acompañado también de nuevos planteamientos en cuestiones relacionadas con la ética profesional que han dado lugar a múltiples debates sobre la responsabilidad del traductor ante este nuevo escenario (Bowker, 2020).

Una de las primeras reflexiones sobre la ética y las tecnologías de la traducción procede de Topping (2000), quien describió una cuestión práctica que surgió a raíz del uso de las herramientas TAO. Se planteaba si las memorias de traducción debían compartirse. En aquel momento, el debate afectaba a tres grupos: los traductores individuales, las agencias de traducción y los clientes. Tal y como relata Topping (2000), algunos traductores deseaban maximizar la productividad ampliando sus memorias lo antes posible, por lo que abogaban por compartirlas. Por su parte, las agencias argumentaban que compartir las memorias de traducción no sería ético, ya que los clientes no querrían que su documentación se tradujera con un estilo y una terminología similares a los de sus competidores. Por último, los clientes que contrataban servicios de traducción querían proteger su propiedad intelectual y sus inversiones.

Por su parte, en el ámbito de los estudios de traducción, el interés y la comprensión de la ética han experimentado un cambio radical desde la publicación de la propuesta de Andrew Chesterman de un juramento jerónimo (Chesterman, 2001) que reconoce cuatro modelos subyacentes a los estudios en el ámbito de la traducción y la ética: el primero se centra en la representación; el segundo en el servicio; el tercero en la comunicación; el cuarto en las normas. Las definiciones iniciales de la ética del traductor, basadas en la equivalencia (Newmark, 1991), la fidelidad-lealtad (Nord, 1997) y la confianza, se han dejado de lado en favor de las nuevas nociones de responsabilidad (Baker y Maier, 2011) y la responsabilidad social (Drugan y Tipton, 2017). Los traductores profesionales siguen los códigos deontológicos que se rigen, generalmente, por los principios de honestidad, integridad, competencia lingüística, confidencialidad y confianza. Sin embargo, muchos de ellos parecen haber quedado obsoletos ante la irrupción de la TA en el sector de la traducción.

Con la llegada de estos cambios, se hace necesaria una reconfiguración de una ética profesional que incorpore nuevos elementos al código deontológico de la profesión. Las antiguas respuestas deben revisarse teniendo en cuenta los importantes cambios que ha experimentado el mercado de la traducción y el entorno de trabajo profesional. El presente trabajo ofrece una breve contextualización en torno a la ética profesional y a los principales códigos deontológicos españoles de asociaciones nacionales de traducción, así como los retos a los que se enfrenta el traductor en un sector en continuo cambio, promovido por la era digital.

Una vez enmarcado el tema, los objetivos de este capítulo son 1) determinar los conceptos éticos convergentes de los códigos deontológicos de las principales asociaciones de traductores e intérpretes profesionales de España; 2) sondear la percepción de los dilemas éticos por parte de los traductores autónomos, las empresas del sector y los docentes del Grado en TeI en base a entrevistas en profundidad realizadas por el equipo de investigación de DITAPE.

2 Ética profesional de la traducción: contextualización

En las últimas décadas las tecnologías han ido ocupando un mayor espacio en las aulas de traducción, los puestos de trabajo y la investigación; en paralelo se ha ido desplegando una compleja red de cuestiones éticas, como la propiedad de los recursos de traducción, la privacidad y confidencialidad de los datos de traducción, la identidad profesional de los traductores, la productividad y la remuneración, los códigos deontológicos de los traductores y la posible contribución de las herramientas a la hegemonía o la diversidad lingüística.

En la actualidad, el traductor tradicional con diccionario en formato papel prácticamente ya no existe. Esta realidad ha evolucionado hacia el traductor asistido por ordenador. Este cambio de paradigma ha permitido el aumento de la productividad, la resolución de proyectos de traducción de gran envergadura en menor tiempo, entre otros. En los años 80 el sector de la traducción asistió a la llegada de los diccionarios y glosarios en línea que comenzaron a facilitar enormemente la labor traductora. En ese momento, la tarea del traductor se apoyaba en las herramientas que le proporcionaban los ordenadores, pero manteniendo el control de su trabajo por encima de la máquina. Su labor giraba en torno a un análisis meticuloso del TO, así como de una labor cuidada de la documentación y la redacción. En los últimos años, debido a los intereses de la industria, es decir, a la búsqueda de reducción de costes y de tiempos en aras de aumentar la productividad, se ha asistido a una irrupción significativa de la TA, gracias a que la TAN responde a las expectativas de la industria, que se corresponden con las de la mayoría de los usuarios finales. Para estos, la rentabilidad y la rapidez prevalecen sobre una redacción cuidada. La publicidad que ha recibido la TA como medio para obtener un producto final con buenos resultados, rapidez y a bajos precios ha extendido entre los clientes y entre el público en general la creencia de que cualquier traducción puede conseguirse con márgenes de tiempo muy limitados y sin tener que hacer una gran inversión (Bowker, 2020). Una de las consecuencias directas de esta situación es que la reducción de los costes conlleva la simplificación de la relación entre traductor y cliente a una relación puramente transaccional (Moorkens y Rocchi, 2020). Estos cambios abren también nuevas preguntas éticas, puesto que la cuestión de calidad o aceptabilidad de la traducción ya no parece una prioridad; así lo indica Vasilescu (2014, p. 229): "Most of the end users care less about text quality, as long as they can infer the gist from a rough translation delivered in no time". A su vez, este hecho tiene una repercusión directa sobre la percepción que el público tiene sobre el valor de la profesión. El desarrollo tecnológico ha propiciado, por ejemplo, que la traducción se considere una labor menos creativa y el papel del traductor moderno se ha desplazado de manera clara hacia la PE, como señalan Biau Gil y Pym (2006):

> Our translations might thus be expected to move away from the ideal of equivalence between fixed texts, becoming more like one set of revisions...Translation, like general text production, becomes more like work with databases, glossaries and a set of electronic tools, rather than on complete definitive source texts (Biau Gil y Pym, 2006, p. 6).

Como vemos, la irrupción de las nuevas tecnologías de la traducción ha tenido un papel fundamental para poder satisfacer las demandas de un sector global en constante cambio, pero también ha impuesto la necesidad de una ética que refleje la reciente realidad multifacética (Moorkens y Rocchi, 2020).

Con todo, la relación laboral entre las empresas de traducción y sus empleados va más allá de la eficacia del trabajo e implica la ética, una preocupación actual en el sector. Además, no debemos olvidar que en el complejo entramado de relaciones laborales que subyacen al trabajo del traductor nos encontramos mayoritariamente con un traductor, por lo general autónomo, que presta un servicio al comprador de la traducción que se ajusta a las expectativas de calidad, respetando el TO, las instrucciones de traducción (si se facilitan) y los requisitos del lector de la LM. La tendencia al trabajo autónomo en el sector de la traducción provoca que el traductor dependa o se vea condicionado por el comportamiento ético por parte de sus empleadores, debido a la disparidad de poder inherente a organizaciones de distinto tamaño. Los traductores autónomos son especialmente vulnerables cuando tratan exclusivamente con una sola agencia de traducción, una situación conocida como falso autoempleo. Como tales, tienen pocos recursos si los empleadores actúan de mala fe. Berardi (2015) destaca la dificultad de la acción colectiva entre los trabajadores digitales distribuidos, aunque algunos grupos se han organizado con éxito, y destaca las prácticas de empleo deficientes o poco éticas a las que están expuestos, como el impago, la demora en el pago o las tarifas bajas. Así pues, la transparencia en las condiciones de uso en el flujo de trabajo es indispensable, tanto de parte del traductor como de las agencias. Otro tipo de prácticas poco éticas en la actualidad están basadas en la obligación de ceder las MT o en la imposición unilateral al traductor de la PE, que incluye a menudo aceptar coincidencias erróneas y niega la *agency* del traductor (Moorkens y Lewis, 2020).

2.1 Ética profesional y códigos deontológicos

Los códigos deontológicos están concebidos para cumplir la ética normativa profesional y su principal objetivo es fomentar la autonomía moral del profesional. Normalmente, estos códigos pretenden garantizar que todos los miembros adopten un conjunto común de principios éticos cuando ejercen su profesión. En este sentido, la ética profesional de la traducción nace de la práctica profesional de la traducción y consiste en el compromiso y la responsabilidad en el ejercicio de dicha profesión (Hortal, 2007, p. 12). Ética profesional y deontología profesional se utilizan muchas veces como sinónimos. En cierta manera, lo son si tenemos en cuenta que ambas hablan de "las normas y comportamientos que cabe esperar y exigir de los profesionales en el desempeño de su profesión" (Hortal, 2007, p. 41). Sin embargo, la diferencia entre ellas estriba en que las normas del código deontológico están previamente escritas y aprobadas por un Colegio o Asociación, mientras que la ética ejerce una reflexión sobre lo que los profesionales hacen, deben hacer o sería bueno que hicieran para ser éticos en el ejercicio de su profesión.

La aprobación de la *Translator's Charter*[1] en el año 1963 en Dubrovnik, y su posterior modificación en Oslo en 1994, es crucial para la deontología profesional de la traducción y la interpretación debido a que se trata del primer documento internacional que regula la actividad traductora, los derechos y obligaciones de los traductores, así como su organización en colegios profesionales. En 1976, la Declaración de Nairobi[2] (UNESCO, 1976) se aprueba para fomentar la salvaguarda legal de los traductores y

1 https://www.fit-ift.org/translators-charter/
2 https://www.fit-ift.org/resources/nairobi-recommendation/

facilitar la creación y el desarrollo de organizaciones profesionales encargadas de establecer normas y obligaciones. Dicha declaración ha influido en los códigos deontológicos de muchas asociaciones de traductores.

De acuerdo con Sánchez Trigo (2020, p. 575), "el establecimiento de códigos deontológicos refleja [...] la madurez de una actividad profesional y su reconocimiento público. [...] constituyen [...] una fuente explícita para comprender las normas [...] que definen las expectativas sobre el desarrollo de la actividad".

A pesar de todo ello, la situación actual de los traductores en España adolece de un Colegio de Traductores e Intérpretes y, por ende, de un código deontológico común. Sí que existen, por el contrario, diferentes asociaciones como Asetrad, en el caso de los traductores, o AICE, para los intérpretes, que poseen sus propios códigos deontológicos. Cabe destacar que dichos códigos solo son vinculantes para los profesionales que forman parte de esas asociaciones.

La mayoría de los códigos deontológicos europeos de traducción incluyen los siguientes aspectos: 1) calidad de las traducciones; 2) confidencialidad; 3) imparcialidad; 4) precisión; 5) sensibilidad cultural y 6) solidaridad profesional. Sin embargo, estos no hacen referencia particular a los servicios de TA. De este modo, se detecta un problema que afecta a la identidad profesional a causa de la ausencia de orientaciones relacionadas con la tecnología en los códigos deontológicos de las asociaciones profesionales. Sin ir más lejos, los debates en los foros de traductores profesionales reflejan que muchos de los problemas éticos con los que se encuentran asiduamente los traductores están relacionados con la tecnología. El uso de los foros de debate para buscar asesoramiento de los compañeros en este sentido se debe, principalmente, a que los códigos deontológicos de muchas asociaciones de traductores no abordan las cuestiones relacionadas con la tecnología. No se trata únicamente de un problema nacional, pues McDonough Dolmaya (2011) analizó los códigos deontológicos de varias asociaciones profesionales de traductores de todo el mundo y ninguna de ellas abordaba el uso ético de la tecnología en la traducción. Así pues, constatamos que existe un vacío en los códigos deontológicos en cuanto al uso de las nuevas tecnologías, a los que se refieren muy vagamente (Bowker, 2021; Moorkens, 2022).

La mayoría de estos códigos se refieren sobre todo al producto final, la traducción, y menos a la traducción o a la actividad traductora, que es un proceso de toma de decisiones. Las decisiones deben tomarse no solo sobre la traducción, sino también sobre las circunstancias de la traducción. Como indica el *Libro Blanco de la Traducción Institucional:*

> Un código deontológico resulta imprescindible para regular cualquier profesión, de manera que los destinatarios de la traducción o interpretación puedan tener no sólo determinadas garantías respecto de la calidad, sino también la confianza en que se observará la confidencialidad y la imparcialidad, e incluso que habrá un sistema sancionador en caso de que se incumplan (Libro Blanco de la Traducción Institucional, 2011, p. 86).

3 Metodología

Para dar respuesta a los objetivos planteados, se ha llevado a cabo un doble planteamiento metodológico. Por un lado, hemos seleccionado las principales asociaciones de traducción de ámbito nacional en España. Para ello, hemos consultado la página web de la Asociación Ibérica de Estudios de Traducción e Interpretación (AIETI) que recoge las principales asociaciones profesionales de traductores nacionales y regionales por países. En el caso de España incluye catorce, de las cuales cinco[3] son nacionales y nueve regionales. Para esta investigación analizaremos los puntos convergentes de los códigos deontológicos de las siguientes asociaciones nacionales: ACETT[4] (Asociación Colegial de Escritores y Traductores) fundada en España en 1983, cuenta con 500 miembros; APTIJ[5] (Asociación Profesional de Traductores e Intérpretes Jurados) fundada en 2007 y cuyo código deontológico fue actualizado en 2010, ATRAE[6] (Asociación de Traducción y Adaptación Audiovisual de España) fundada en 2010, cuenta con alrededor de 250 socios, Asetrad[7] (Asociación Española de Traductores,

3 Entre las cinco asociaciones nacionales se encuentra APETI (Asociación Profesional Española de Traductores) que desestimamos para el análisis por encontrarse inactiva en la actualidad.

4 https://ace-traductores.org/

5 https://www.aptij.es/index.php?l=es&s=1

6 https://atrae.org/

7 https://asetrad.org/

Correctores e Intérpretes) fundada en 2003. Por otro lado, se ha llevado a cabo una metodología de aproximación cualitativa mediante técnicas de exploración donde se ha escuchado el discurso espontáneo de los profesionales, autónomos y empresas, para disponer de una aproximación a sus percepciones e identificar el imaginario general. Tal como se explica en el capítulo 1 de esta obra, se realizaron quince entrevistas individuales en profundidad a tres perfiles profesionales diferentes que conforman el universo del sector de la traducción: cinco entrevistas a empresas de traducción, cinco entrevistas a traductores autónomos y cinco a docentes de traducción. Cada entrevista ha tenido una duración de 60 minutos y han sido realizadas mediante videollamada. Las fechas de campo tuvieron lugar entre el 25 de enero y el 17 de febrero de 2022. La moderación fue llevada a cabo por un técnico con formación en sociología y con experiencia probada en dinámicas cualitativas. El ámbito de aplicación fue nacional, España. La muestra quedó de la siguiente manera:

- empresas de traducción: entrevista a cuatro mujeres y un hombre. Dos de las empresas contaban con menos de cinco trabajadores, una con entre cinco y quince trabajadores y dos empresas contaban con más de quince trabajadores. Dos empresas estaban situadas en Madrid, dos en Barcelona y otra en Sevilla. La totalidad de las empresas contaba con cargos directivos y web corporativa. Cuatro de las empresas pertenecían a asociaciones profesionales.
- autónomos: cuatro de las entrevistadas fueron mujeres y un hombre. Dos de las entrevistadas eran menores de 35 años y 3 mayores de esa edad. La distribución territorial quedó así: dos en Barcelona, uno en Alicante, uno en Salamanca y uno en Granada.
- docentes de traducción: cuatro mujeres y un hombre. El ámbito territorial quedó así: dos en Madrid, uno en Alicante, uno en Castellón y uno en Valencia.

4 Resultados

4.1 Códigos deontológicos y TA

El análisis contrastivo de los cuatro códigos deontológicos con los que hemos trabajado pone de manifiesto que los elementos convergentes relacionados con la obligación y la responsabilidad del traductor hacia sus clientes son: la cualificación y el conocimiento de las lenguas de trabajo; el conocimiento de los límites de competencia para el ejercicio profesional; la confidencialidad y el comportamiento profesional. Sin embargo, el primer aspecto que cabe poner de relieve ante tales resultados es la inexistencia de referencias a la TA. De este hecho, se infiere la necesidad de actualización de los códigos deontológicos frente al cambio que está experimentando el sector de la traducción con la implementación de la TA y la PE. Únicamente se hace mención a la PE en el código deontológico de ATRAE. Además, la PE se plantea en este código como sinónimo de merma de la calidad. Dicho código lo enuncia de la siguiente manera: "Se evitará trabajar bajo condiciones que puedan afectar a la calidad del producto final como traducir una obra a partir de una traducción puente o poseditar". Igualmente, se infiere que poseditar perjudica a la profesión del traductor en tanto en cuanto el código especifica que el traductor "se abstendrá de perjudicar a la profesión en general y a terceros en particular, como compañeros de profesión o clientes, aceptando condiciones de trabajo que resulten incompatibles con las directrices del presente código u obligando a otros a aceptarlas".

El principal problema detectado es que estos códigos hacen referencia fundamentalmente a la traducción como producto final, y dan menos importancia al proceso de la traducción entendido como proceso de toma de decisiones. Este aspecto es crucial puesto que las decisiones vienen determinadas también por las circunstancias laborales en las que se ve envuelta la propia traducción.

De este modo, mientras que la cualificación y el conocimiento de las lenguas de trabajo es un aspecto convergente en todos los códigos analizados en aras de garantizar la calidad del TM, encontramos en paralelo un drástico cambio en la percepción de la calidad puesta en evidencia por autores como Vasilescu (2014, p. 6) quien apunta que: "[…] with the use of machine translation, almost anyone knowing a foreign language is credited with the capability of translating a text. Many users/clients have low expectations on translation, because they just need access to the information in that text. Quality means different things to different people".

4.2 Ética y la práctica de la posedición

Las cuestiones éticas relacionadas con los avances tecnológicos en el marco de la TA y la PE no difieren de las que se han ido desarrollando a lo largo de la historia de la humanidad en paralelo al desarrollo tecnológico. El tiempo, la evolución y familiarización con estas tecnologías provocan una lenta pero constante adaptación y asimilación de los nuevos roles que se conjugan para el trabajador y, en este contexto, las cuestiones éticas que son trasversales a todo el proceso de traducción se van resignificando. Del escepticismo inicial por parte de los profesionales de la traducción se pasará a una evaluación y posterior implementación de las nuevas herramientas. En el ámbito de la traducción, la importancia que está adquiriendo la TAN ha hecho aflorar la angustia existencial para una parte de los traductores. El sector de la traducción ha asumido la TA como una herramienta de productividad (Lommel and DePalma, 2016) y ha encontrado nuevos casos de uso para la implementación exitosa de la TA en bruto o poseditada en los que hasta el momento su uso se había considerado imprudente o arriesgado. Además, a menudo, la tecnología se impone a los traductores (Cadwell, O'Brian y Teixeira, 2018). Este hecho provoca en algunos casos una percepción negativa de los traductores sobre sus perspectivas.

En este contexto, la investigación del proyecto DITAPE, en términos generales, refleja la existencia de una sensación de incertidumbre y de lamento hacia la introducción de la TA, en tanto que supone una transformación del sector que acaba con el lado más humanístico y artesano de la profesión. El discurso espontáneo hacia la TA y la PE tiende a presentar connotaciones éticas negativas que se relacionan con el hecho de estar colaborando con el fin de la profesión o, al menos, con una forma de entenderla. En cierto modo, se percibe que se contribuye a 1) ser reemplazados por máquinas, con lo que la labor de los profesionales deja de aportar valor diferencial; 2) reducir las tarifas e ingresos derivados de la traducción. De hecho, hay estudios como el de DePalma (2013) que tratan este tema y ponen de manifiesto que el aumento de productividad que ha traído la TA y la PE se asocia regularmente a una reducción de las tarifas. Otros, además, constatan las constantes señales de una tendencia reduccionista de las tarifas (Slator[8], 2019, p. 3) automatizar procesos que requieren tiempo y reflexión, quitando riqueza a la lengua; 4) depender de las grandes empresas que controlan los motores de traducción. Estas percepciones éticas se pueden englobar, de acuerdo con Rico y Sánchez-Ramos (2023) en tres dilemas éticos: el relacionado con el estatus del poseditor; el relacionado con la calidad y, por último, con la ética digital y la responsabilidad del poseditor.

No se debe perder de vista que, la integración de la TA en el proceso de traducción ha dado lugar a que, de alguna manera, se difuminen las líneas que determinan lo que es propio de la máquina y lo que corresponde al traductor. Esta situación se da, por ejemplo, cuando en el proceso de traducción interactúan memorias de traducción, TA y la TH. La controversia se genera cuando la TA deja de considerarse como un servicio adicional y pasa a ser una actividad que va más allá de la simple validación de la traducción propuesta por la máquina. En ese marco el debate gira en torno a determinar si el resultado propuesto por la máquina es la primera versión que prevalece sobre la del traductor (Koponen 2016) puesto que en ese contexto el poseditor deja de estar situado en el centro del proceso.

Desde un punto de vista conceptual, do Carmo (2020) cuestiona la idea de que la PE consista únicamente en la revisión de contenidos previamente traducidos y analiza en qué medida, junto con la creencia extendida de que la PE aumenta la productividad, provoca una degradación del valor del servicio de traducción. En realidad, la devaluación del poseditor es una consecuencia natural que surge al asociar la PE con la productividad y la rentabilidad. Esta asociación viene dada por la propia definición de TA y la PE que ofrece la norma ISO 17100:2015 en la que se indica que la edición y corrección de los resultados de la TA es más fácil y lleva menos tiempo que la traducción, puesto que la máquina ya ha realizado el esfuerzo de traducción (do Carmo 2020).

Quizás valdría la pena reconocer como do Carmo (2020) y Mitchell-Schuitevoerder (2020) que la carga cognitiva y la complejidad de realizar tareas de PE son comparables a las de tareas de traducción y que la tendencia del sector a reducir las tarifas por palabra no tiene realmente en

8 https://slator.com/slator-2019-language-industry-market-report/

cuenta el esfuerzo que suponen los numerosos patrones de pensamientos necesarios durante la PE. De hecho, como indica Mitchell-Schuitevoerder (2020), el acto de traducir y la PE se solapan, ya que el poseditor no sólo está poseditando, sino también traduciendo.

En la ISO 18587:2017 en la que se describen los requisitos para el proceso de PE humana completa de resultados de TA y las competencias de los poseditores, se indica que los proveedores de servicios de traducción que apliquen dichos requisitos para el proceso de la PE conseguirán: a) mejorar la productividad de la traducción; b) mejorar los plazos de entrega; c) seguir siendo competitivos en un entorno en el que los clientes exigen cada vez más el uso de TA en la traducción. Sin embargo, se advierte de que no existen todavía sistemas de TA con un resultado que pueda calificarse como igual al de la TH, por lo que la calidad final del resultado de la TA sigue dependiendo de los traductores humanos y de su competencia en la PE.

En relación al dilema ético sobre la responsabilidad de la PE, la norma ISO 18587:217 establece que es el proveedor de servicios de traducción quien debe evaluar la calidad e idoneidad para la utilización de la TA más PE antes de hacer una oferta. Además, es el encargado de contratar recursos humanos cualificados y competentes, así como de determinar los recursos técnicos adecuados, y diseñar un proceso que cumpla los requisitos de dicha norma. Esto coincide con la argumentación de Melby y Hague (2019) de que los numerosos avances tecnológicos exigen una visión diferente del papel del traductor, que lo resitúe en el centro del proceso y sea quien decida qué herramientas utilizar, cuándo y cómo. Finalmente, la norma ISO 18587:2017 también establece que el proveedor de servicios de traducción será plenamente responsable de todo el proyecto de PE.

5 Conclusiones

Todo parece indicar que la TA viene para quedarse y deberá entenderse como una herramienta más en la profesión del traductor. Los traductores de hoy en día deben adaptarse al cambio de paradigma de la profesión impuesto por la globalización, el desarrollo de la inteligencia empresarial y la arquitectura empresarial del sector y que supone la adopción del modelo de TA acompañado de PE. Sin embargo, la TA, como hemos visto a lo largo del capítulo, plantea cuestiones éticas que deberían incluirse en los códigos deontológicos, además de las obligaciones actuales del traductor. No resulta sencillo evaluar la ética en una profesión que se encuentra en una etapa de rápido cambio como sucede con el sector de la traducción; lo que es indiscutible es que los códigos deontológicos nacionales de traducción están anticuados y necesitan una actualización urgente que tenga en consideración el hecho de regular la profesión y no exclusivamente la tarea de traducir y que, además, sean neutrales (Lambert, 2019). Además, deben abordar el futuro papel de los traductores en el contexto del cambio global y el avance tecnológico y, en concreto, teniendo en cuenta el papel cada vez más importante de la TA. En este sentido, la industria de la traducción debe sustentarse en el desarrollo de una reflexión ética que sea específica para la realidad multifacética del sector en constante cambio.

Por último, la TA y la PE, así como la ética también deberían incluirse en los planes de estudio universitarios para que los estudiantes se conviertan en profesionales más conscientes y responsables en sus relaciones con los empleadores, los clientes y la sociedad en general (Kenny, 2020). No se puede perder de vista que los futuros traductores e intérpretes que hoy están en las aulas tendrán que tomar muchas decisiones de naturaleza ética durante el ejercicio de su profesión.

Bibliografía

Baker, M. y Maier, C. (2011). Ethics in Interpreter & Translator Training: Critical Perspectives. *The Interpreter and Translator Trainer* 5(1), 1-14. https://doi.org/10.1080/13556509.2011.10798809

Berardi, F. (2015). *And: Phenomenology of the End*. Semiotext(e).

Biau Gil, J. R., y Pym, A. (2006). Technology and Translation (A Pedagogical Overview). En A. Pym, A. Perekrestenko, y B. Starink (Eds.) *Translation Technology and Its Teaching*. (pp. 5-19). Diputació de Tarragona.

Bowker, L. (2020). Translation technology and ethics. En K. Koskinen y N. K Pokorn (Eds.). *The Routledge Handbook of Translation and Ethics* (pp. 262-278). Taylor & Francis. https://doi.org/10.4324/9781003127970

Cadwell, P., O'Brian, S. y Teixeira, C. (2018). Resistance and Accommodation: Factors for the (Non-) Adoption of Machine Translation Among

Professional Translators. *Perspectives, 26*(3), 301-321. https://doi.org/10.1080/0907676X.2017.1337210

Chesterman, A. (2001). Proposal for a Hieronymic Oath. *The Translator, 7*(2), 139-154. https://doi.org/10.1080/13556509.2001.10799097

De Palma, D. A. (2013). *Post-edited Machine Translation Defined*, Common Sense Advisory.

Do Carmo, F. (2020). Time is money and the value of translation. *Translation Spaces*, *9*(1), 35-57. https://doi.org/10.1075/ts.00020.car

Drugan, J. y Tipton, R. (2017). Translation, ethics and social responsibility. *The Translator, 23*(2), 19-125. https://doi.org/10.1080/13556509.2017.1327008

Hortal Alonso, A. (2007). *Ética profesional de traductores e intérpretes.* Editorial Desclee De Brouwer.

ISO (International Organization for Standardization). (2015). *Translation services - requirements for translation services. ISO 17100:2015.* International Organization for Standardization.

ISO (International Organization for Standardization). (2017). *Translation services - post-editing of machine translation output - requirements. ISO 18587:2017.* International Organization for Standardization.

Kenny, D. (2020). Technology and translator training. En M. O'Hagan (Ed.), *The Routledge Handbook of Translation and Technology* (pp. 738–763). Routledge.

Ministerio de Asuntos Exteriores y de Cooperación. (2011). *Libro Blanco de la Traducción Institucional: Conocer para Reconocer.* https://cpage.mpr.gob.es/producto/libro-blanco-de-la-traduccion-y-la-interpretacion-institucional-2/

Lambert, J. (2018). How ethical are codes of ethics? Using illusions of neutrality to sell translations. *JosTrans: The Journal of Specialised Translation,* 30, 269-290.

Lommel, A. (2018). Metrics for Translation Quality Assessment: A Case for Standarising Error Typologies. En J. Mookens, S. Castilho, F. Gaspari y S. Doherty (Eds.), *Translation Quality Assessment* (pp. 109-127). Springer International Publishing. https://doi.org/10.1007/978-3-319-91241-7_6

McDonough Dolmaya, J. (2011). Moral Ambiguity: Some Shortcomings of Professional Codes of Ethics for Translators. *JoSTrans: The Journal of Specialised Translation*, 11, 28–49.

Mitchell-Schuitevoerder, R. (2020). *A project-based approach to translation technology*. Routledge. https://doi.org/10.4324/9780367138851

Moorkens, Joss. (2022). Ethics and machine translation. En D. Kenny (Ed.) *Machine translation for everyone: Empowering users in the age of artificial intelligence* (pp. 121–141). Language Science Press.

Moorkens, J. y Rocchi, M. (2020). Ethics in the translation industry. En K. Koskinen y N. K. Pokorn (Eds.), *The Routledge Handbook of Translation and Ethics* (pp. 320–338). Routledge.

Moorkens, J. y Lewis, D. (2020). Copyright and the re-use of translation as data. En M. O'Hagan (Ed.), *The Routledge Handbook of Translation and Technology* (pp. 695–714). Routledge.

Newmark, P. (1991). *About Translation.* Multilingual Matters.

Nord, C. (1997). Function plus Loyalty. En C. Nord (Ed.), *Translating as a Purposeful Activity. Functionalist Approaches Explained* (pp. 123-128). Routledge.

Rico, C. y Sánchez Ramos, M. M. (2023). The Ethics of Machine Translation Post-editing in the Translation Ecosystem. En H. Moniz y C. Parra Escartín (Eds.), *Towards Responsible Machine Translation: Ethical and Legal Considerations in Machine Translation* (pp. 95-112), Springer.

Sánchez Trigo, E. (2020). Deontología y traducción: elementos para el análisis de la profesión. *Meta*, *65*(3), 573-592. https://doi.org/10.7202/1077404ar

Slator (2019). *Slator 2019 Language Industry Market Report.* https://slator.com/slator-2019-language-industry-market-report/

Topping, S. (2000). Sharing Translation Database Information. *Multilingual Computing & Technology*, *11*(5), 59–61.

Vasilescu, R. (2014). Ethical issues in machine translation. *Linguistic and Philological Investigations*, 13, 227-232.

Belén Lozano Sañudo
Universitat de València

Retos y futuro de la traducción automática

Resumen: La traducción automática está ya muy presente y sigue ganando terreno a pasos agigantados en el mercado profesional de la traducción en España. El uso de motores de traducción automática permite a la comunidad científica internacional acceder a la información casi al tiempo que se genera, superando así la barrera lingüística que obstaculizaba el avance del conocimiento y haciendo innecesario el monolingüismo científico planteado en el pasado. Bien utilizadas, las herramientas de TA tienen un gran potencial tanto para el aprendizaje de lenguas extranjeras como para la traducción profesional. No obstante, todavía deben seguir perfeccionándose para vencer importantes escollos como la segmentación excesiva del texto y la unidireccionalidad, que dan lugar a problemas de cohesión y coherencia, o la carencia de multimodalidad. Así mismo, existen cuestiones éticas por resolver, que, junto a la existencia de textos más creativos, evidencian la necesidad de la cooperación máquina-humano. Esta integración de las máquinas en el proceso de traducción está dando paso a la creación de nuevos perfiles profesionales, como el de los poseditores, cuyas competencias, si bien coinciden en gran medida con las de los traductores, están aún por perfilar.

Abstract: Machine translation is well established and is rapidly gaining ground in the Spanish professional translation market. The use of machine translation gives international scientific communities access to information almost at the same rate as it is being generated, overcoming the linguistic barrier that hindered the advancement of knowledge and rendering the scientific monolinguism sought for in the past unnecessary. If well used, machine translation has a great potential both in foreign language teaching and learning and in professional translation. Nevertheless, it still has to be further improved to face important hurdles such as the excessive segmentation of the source text and its unidirectionality, which cause cohesion and coherence problems, or the lack of multimodality. Likewise, there are ethical issues to be tackled, which, together with the existence of more creative texts, prove the need of cooperation between machine and humans. This integration of machines in the translation process is making way to the creation of new professional profiles such as post-editors, most competences of whom coincide largely with those of translators, but some of which are still being shaped.

Palabras clave: Traducción automática, ética de la traducción, didáctica de lenguas extranjeras, multilingüismo, multimodalidad.

Keywords: Machine translation, translation ethics, foreign language teaching, multilinguism, multimodality.

1 La TA en el mercado de la traducción profesional

1.1 La implementación de la TA en el mercado profesional

El estudio llevado a cabo por el grupo de investigación DITAPE refleja que la TA es ya una realidad muy presente en el mercado profesional de la traducción en España. De hecho, un 66% de las empresas de servicios lingüísticos realizan alguna tarea relacionada con la TA, ya sea ofrecer su propio motor de TA, servicios de PE o de revisión de traducciones poseditadas. Así mismo, evidencia que en determinados pares de lenguas y dominios los motores de TA han alcanzado un alto grado de precisión y fiabilidad, lo que se refleja en el alto nivel de satisfacción que refieren tanto empresas como autónomos con los resultados de los sistemas de TA que utilizan.

A nivel mundial los resultados del informe ELIS (European Language Industry Survey, 2022) reflejan que el 65% de las empresas proveedoras de servicios lingüísticos que participaron en la encuesta ven una oportunidad en la calidad mejorada de la TAN. El informe da a conocer que el 58% de estas empresas ya han implementado esta tecnología y un 20% se propone hacerlo. Entre los profesionales, un 70% indica que utiliza herramientas de TA en alguna medida, si bien entre estos últimos todavía se ve más como una amenaza que como una oportunidad (el 35% la considera una oportunidad frente al 41% que la ve más bien como amenaza). En el caso de agencias públicas internacionales, el porcentaje de uso de estas tecnologías está alcanzando el 90%.

1.2 La necesidad de TA para el acceso de la comunidad científica internacional a los avances del conocimiento. ¿Monolingüismo o TA?

En la sociedad de la información, los motores de TA se están convirtiendo en una herramienta esencial, ya que la necesidad de comunicación multilingüe crece a un ritmo tan exponencial que difícilmente podría ser asumida únicamente por traductores humanos. En nuestros días la generación de conocimiento es sumamente veloz y los datos quedan obsoletos muy rápidamente, por lo que la TH se ha convertido, como afirma Abaitua (1997), en un "cuello de botella", que no hace sino obstaculizar la "pretendida globalización de la información". Ya en 1966, en su estudio titulado *Methods for Satisfying the Needs of the Scientist and the Engineer for Scientific and Technical Communication*, Murray (1966, p. 1) escribe:

> The importance of scientific communication cannot be over emphasized. The rate at which scientific developments can proceed frequently depends on the facility, speed, and accuracy with which technical information can be procured and disseminated. [...] If nothing is done to handle information more efficiently, the user will have to wait longer and longer for his answer as the store of information grows larger, and a point may soon be reached where it would be cheaper and easier for scientists to rediscover something that had already been discovered than to search for it in the literature.

Cuando escribe "handle information more efficiently", Murray no se refiere únicamente a las barreras lingüísticas, sino también a mecanismos, técnicas y dispositivos para procesar, almacenar y recuperar información de la manera más eficiente posible, como por ejemplo el escaneo óptico. No obstante, hace gran hincapié en el hecho de que las barreras lingüísticas obstaculizan la diseminación de la información, poniendo freno al avance de la ciencia. Por este motivo menciona, como áreas en las que se estaba trabajando, la TA (que en la época en que él escribe todavía estaba basada en reglas) y la creación de una lengua internacional común, en consonancia con lo que estaba pasando con el Esperanto creado a finales del siglo XIX. A este respecto, afirma:

> Some attention has also been devoted to the development of a common international language which would be logically constructed. It could be learned in a fraction of the time required for most national languages, and it would be a basic language for the different symbolic computer languages. Such a language would be useful as an intermediate language for mechanical translation, although eventually it would be desirable for scientific literature to be published and read in this language without translation. (Murray 1966, p. 8).

Este pretendido monolingüismo entre la comunidad científica no se ha perseguido únicamente mediante el intento fracasado hasta la fecha de introducir un idioma artificial como el Esperanto, sino que lo que ha resultado ser más efectivo es el uso del inglés como lengua franca. Refiriéndose a este idioma, Abaitua (2001) indica que esta lengua que es nativa para solo un 8% de la población mundial, es, según Jean-François Degremont, sociólogo francés consejero de WorldMedia, lengua vehicular para el 20% de la humanidad. Esto supone que cuatro quintas partes de la humanidad no tienen acceso a la información publicada en esa lengua si no es a través de la traducción.

Los vertiginosos avances en la TA de las últimas décadas hacen innecesario el uso de una lengua franca, artificial o no; es más, como veremos en apartados posteriores, los motores de TA son una herramienta fundamental para la promoción del multilingüismo, ya que, la automatización y el abaratamiento de los costes de traducción permitirán que más textos se traduzcan a más lenguas, incluso minoritarias, lo que no debería implicar una remuneración inferior para el traductor. De hecho, el estudio realizado por DITAPE refleja que las empresas y los traductores que han implementado la TA han aumentado su productividad, lo que ha incrementado su facturación y con ella su rentabilidad.

En resumen, la viabilidad de traducir más textos a más lenguas logrará que algunas lenguas minoritarias se vean revitalizadas al potenciar su presencia en Internet, que resulta fundamental en la era digital. Así pues, cabe preguntarse: ¿no nos está protegiendo la TA de ese monolingüismo científico que ya apuntaba Murray y que presagiaba que terminaría por hacer desaparecer la traducción al menos en el contexto científico-técnico?

1.3 Cooperación entre el traductor humano y la máquina

Si bien la TA es una herramienta que permite agilizar enormemente el ritmo de traducción dejando en manos de la máquina todos los aspectos más mecánicos, existe consenso entre la comunidad científica en que la traducción contiene una parte más creativa y humanística que requiere la labor de traductores humanos:

> A computer is a device that can be used to magnify human productivity. Properly used, it does not dehumanize by imposing its own Orwellian stamp on the products of the human spirit and the dignity of human labor but, by taking over what is mechanical and routine and, if this were given over to a machine, the productivity of the translator would not only be magnified but his work would be more rewarding, more exciting, more human. (Kay, 1997, p. 3).

Existen tipos de textos, como los literarios o los publicitarios, en que la necesidad de conocimientos culturales, de un mayor grado de sensibilidad y de dosis más elevadas de creatividad, hace que la TA no resulte muy indicada, mientras que para otras tipologías textuales la TA resulta idónea. No se trata, por tanto, de que las máquinas sustituyan a los humanos, sino de que se complementen en la realización de tareas para poder así dar respuesta a la creciente demanda de servicios de traducción. En palabras de Forti (2021, p. 13):

> La traducción es difícil. Todos los sabemos. Y la transcreación y la localización lo son aún más. Los conocimientos culturales y la sensibilidad que un traductor aporta a un texto son un acto de creación. Ahora bien, a menudo hay poco tiempo, y no todos los textos necesitan tratamiento completo. Aquí es donde la traducción automática encuentra su nicho. Forti (2021, p. 13).

Afirmaciones que apuntan a que, cuanto más estandarizado sea un texto y más redundancias contenga, más se prestará a ser traducido mediante sistemas de TA, han de tratarse con cautela, aunque a priori gozan de gran aceptación. Tal y como señalan Nitzke et al. (2019, p. 243) muy a menudo textos muy restrictivos y estandarizados en cuanto a su forma presentan un grado de riesgo para la traducción mayor. Los mensajes de advertencia, por ejemplo, se expresan siempre en fórmulas muy específicas, restrictivas y repetitivas de manera que resulten fáciles de entender, pero el riesgo de errores de traducción o malentendidos es demasiado alto para confiar el trabajo a la TA, al menos sin una exhaustiva PE posterior e incluso una revisión final que probablemente hagan que la TA ya no sea la opción más rápida y rentable. Estas reflexiones sobre la gestión de riesgos y las consecuencias de posibles errores de traducción entroncan con una de las principales cuestiones éticas en torno a la TA que abordaremos en la siguiente sección.

1.3.1 Cuestiones éticas y responsabilidad del producto final

Como hemos visto en los apartados anteriores, la TA ya se está integrando en gran medida en los flujos de traducción de las empresas proveedoras de servicios lingüísticos con el fin de potenciar la productividad y equiparar el ritmo de traducción lo máximo posible al de generación de conocimiento o contenido, de forma que la comunidad internacional tenga acceso a la mayor parte de la información casi en tiempo real. No obstante, esta inclusión suscita ciertas cuestiones éticas que están siendo objeto de debate entre los académicos y demás agentes involucrados en la TA, entre ellas la propiedad de los datos (segmentos traducidos) que se introducen para alimentar a los motores de TA o cuestiones de confidencialidad de datos personales.

Uno de los temas éticos en relación con la TA que ha hecho correr más ríos de tinta es el de la responsabilidad sobre el TM. Si un error de traducción tiene consecuencias, ¿quién es el responsable? Moorkens (2022, p. 131) además de sostener que la responsabilidad final ha de recaer siempre sobre un humano, apunta que hay contenidos que, debido al nivel de riesgo que implican para la seguridad, no deberían traducirse mediante TA sin someterse a un proceso de PE. En sus propias palabras:

> Liability can only refer to human behaviour, which means that a person must bear responsibility for an injury or loss related to an error introduced by MT in a translation process. Liability aside, the fact that MT might introduce a risk to end users is an ethical problem. Raw MT should never be used for safety-critical content. Current translation and post-editing standards do not mention liability or risks to end users. (Moorkens 2022, p. 131).

Cuando Moorkens menciona "Raw MT", término que hace referencia al texto en bruto generado por el sistema de TA sin la intervención posterior de un traductor humano, se pone de manifiesto que esta no debería utilizarse al menos para ciertos tipos de texto, lo que implica la existencia de otro tipo de TA, la TA poseditada, fruto de la cooperación entre el motor de traducción y el traductor humano. Este trabajo conjunto humano-máquina ha llevado a que surjan nuevas profesiones, principalmente la de poseditor. La TA agiliza el proceso de manera que el ritmo de traducción se equipare, en la medida de lo posible al de generación de la información, pero el traductor humano revisa el texto final y lo corrige.

Básicamente se han definido dos niveles de PE que vendrán determinados por el grado de calidad que se exige al TM. Este dependerá, entre otros factores, de si se va a publicar (*outbound translation*) o su fin es únicamente dar acceso al usuario final a la información que en él se contiene (*inbound translation*). Los dos niveles de PE se conocen como *light post-editing* (LPE) y *full post-editing* (FPE). En el capítulo 3 de esta monografía se amplía la noción de PE y sus tipos, que implican no dos, sino tres textos, al incluir también el texto traducido por la máquina. Es importante señalar que la conveniencia del acceso de los poseditores al TO está siendo objeto de debate, ya que como explican Rico y Torrejón (2013, p. 168) en la industria lo consideran una barrera a la productividad. ¿Cómo puede un posteditor garantizar que no existen problemas de falta de equivalencia o cambios de sentido con respecto al TO si no tiene acceso a él? Y, es más, ¿no recaería sobre el poseditor la responsabilidad en caso de errores de transmisión del contenido con las potenciales consecuencias que estos pudieran acarrear para el usuario final de la traducción? Tanto si se le ha encargado que haga una LPE como una FPE, debe asegurarse que se mantiene el "significado" del original o garantizar su "precisión".

Este riesgo de falta de equivalencia con respecto al TO se agrava en el caso de la TAN, ya que tal y como señalan numerosos académicos e investigadores, debido al gran nivel de calidad que ya ha alcanzado este tipo de TA en algunos pares de lenguas, la fluidez y naturalidad del TM pueden esconder faltas de equivalencia entre el contenido del original y el de la traducción. Estos errores de traducción, que son los más peligrosos, son especialmente difíciles de detectar, porque a menudo no vienen anticipados por otras faltas de expresión o estilo en LM, Ustaszewski (2019, p. 122) escribe: "Numerous studies in various language pairs and subject domains [...] have shown that NMT outperforms other types of MT in terms of fluency, while at the same time being more prone to adequacy errors such as omissions, additions or mistranslations."

En este escenario la cuestión de la "gestión de riesgos" en el proceso traslativo, tratada por Nitzke et al. (2019, p. 242), cobra especial relevancia. Estos autores proponen realizar un análisis inicial antes de comenzar las traducciones en que, en primer lugar, se consideren las consecuencias que tendrían sobre los diferentes actores implicados en el proceso traslativo los posibles errores de traducción (pérdidas económicas, demandas o lesiones en el caso del cliente o merma de la reputación en el caso de una agencia de traducción o un traductor autónomo). En segundo lugar, se estime la probabilidad de que estos errores de hecho se produzcan y, para terminar, se establezcan las prioridades del cliente en relación con los riesgos de traducción. El objetivo de este análisis inicial es determinar qué riesgos de traducción son tolerables y cuáles se han de evitar. De acuerdo con este análisis los autores categorizan los textos basándose en el grado de riesgo que implican en "de muy alto riesgo", "de alto riesgo" o "de bajo riesgo" y conforme a esta clasificación deciden sobre la idoneidad de la utilización de TA, de qué tipo y la necesidad de PE y de qué nivel.

Nitzke y Hansen-Schirra (2021, p. 64) no se quedan en los errores de falta de equivalencia del TO y el TM que todavía se hallan con cierta frecuencia en el caso de traducciones hechas con sistemas de TAN, sino que van incluso un paso más allá, ya que señalan que cuando un traductor humano detecta un error de contenido en el original debería comunicarlo, siempre que las circunstancias lo permitan, al cliente y actuar según sus indicaciones. La detección de este tipo de errores es posible gracias al conocimiento del mundo y más concretamente del dominio específico por parte del traductor. Las máquinas carecen hoy por hoy de este conocimiento, por lo que en caso de que existan, los errores de contenido del TO deberán ser hallados por el posteditor, lo que a menudo no es posible si este no tiene acceso al TO. Estos autores advierten que la no detección y transmisión de los errores e imprecisiones del original puede dañar la reputación de los traductores y a este respecto escriben:

> Be aware that text-specific subject knowledge is essential to prevent the transfer of content-related source text defects into the target text. The transfer of source text defects can be damaging to your reputation, even if it might be even harder to find source text defects in the PE task as the focus is less on the source text compared to the translation task. (Nitzke y Hansen-Schirra 2021, p. 64).

Además, para tomar decisiones sobre si es conveniente o rentable realizar un proyecto concreto mediante TA, con qué tipo de TA, si se debe someter a PE y en caso afirmativo a qué grado, LPE o FPE, o incluso si se debe revisar posteriormente el texto

, no basta con el análisis mencionado en el párrafo anterior. Esta decisión únicamente la puede tomar una persona que tenga sólidos conocimientos sobre traducción y sobre el funcionamiento de los diferentes sistemas de TA que le permitan anticiparse a los problemas de los que pueda adolecer el TM generado por la máquina. Por este motivo no es conveniente dejar la decisión al cliente sin asesorarle profesionalmente sobre los riesgos y beneficios del uso de TA.

Como señalábamos, el profesional ideal para asesorar al cliente y tomar decisiones en este sentido ha de ser experto en traducción y tener nociones suficientes sobre el funcionamiento de los sistemas de TA. Estas competencias son las que, entre otras, debe reunir la figura que desde hace unos años se ha abierto paso en el mercado de la traducción: el poseditor. Este nuevo agente en el proceso de traducción no debería limitarse a revisar o corregir los textos producidos por el motor de TA, sino que debería intervenir en las distintas fases del proceso.

1.4 Nuevos perfiles profesionales: el poseditor

En la última década se está investigando mucho sobre las capacidades y competencias que deben tener los poseditores (Rico y Torrejón, 2013). Parece que está ampliamente aceptado que los traductores son los más cualificados para desarrollar esta nueva labor profesional, pero también se hace evidente que necesitan desarrollar algunas competencias que aún no se incluyen en los planes de estudios de los grados de TeI. Tal y como sostiene Rico (2017, p. 89) tradicionalmente se ha considerado la TA como producto y la labor del posteditor se limitaba a corregirlo para adaptarlo al nivel de calidad exigido por el cliente. Esta autora propone estudiar la TA como proceso y "situar al traductor en el centro del proceso y dotarlo de las competencias y capacidades para controlarlo y adueñarse de él en todas sus facetas" (Rico, 2017, p. 89).

Nitzke et al. (2019, p. 248) estudian la TA como un proceso y proponen un modelo de competencias necesarias para los poseditores. En este modelo se recogen cuatro competencias básicas y ocho subcompetencias. Las competencias básicas pueden resumirse en dos: consultoría sobre gestión de riesgos y toma de decisiones estratégica y un conocimiento actualizado y exhaustivo del mercado de la traducción y, más concretamente, de todos los aspectos relacionados con la TA y la PE.

Entre las ocho subcompetencias propuestas por los anteriormente mencionados autores, seis son comunes con las que debe tener un traductor: competencia bilingüe, competencia extralingüística (conocimiento del mundo y del dominio específico), competencia instrumental (utilización de procesadores de texto, memorias de traducción etc.), competencia de documentación, competencia de revisión y competencia de traducción. No obstante, hay dos que son específicas para los poseditores y que deberían adquirirse en las aulas: competencia sobre TA y competencia de PE.

El poseditor debe tener un conocimiento sobre el funcionamiento de los diferentes sistemas de TA que le permita anticiparse a los errores típicos de cada uno de ellos, decidir qué sistema es el más conveniente para un proyecto concreto e incluso ser capaz de entrenarlos. En palabras de Nitzke et al. (2019, p. 250): "Knowing how MT is implemented helps to spot potential problems or difficulties. Ideally, in our view, a post-editor should be able to assess the quality of the MT training materials and even improve the training process if necessary".

1.5 La TA en el mercado de la traducción profesional: principales retos por superar

En su interesantísimo artículo, Zhang y Zong (2020) hacen un repaso a los principales retos a los que a día de hoy todavía se enfrenta la TA. Si bien reconocen que la arquitectura de transformador con autoatención[1] supuso un gran paso adelante en el desarrollo de la TAN, subrayan también que todavía quedan importantes obstáculos por superar, entre los que destacan seguir perfeccionando dicha infraestructura, para la que casi no se han presentado innovaciones eficientes desde la introducción del transformador en 2017.

Las siguientes vías de investigación para la mejora de este sistema propuestas por Zhang y Zong (2020) están relacionadas con cuatro

1 Un transformador es un modelo de aprendizaje profundo que adopta el mecanismo de atención y valora diferencialmente la importancia de cada parte de los datos de entrada. Al igual que las redes neuronales recurrentes (RNN), los transformadores están diseñados para manejar datos de entrada secuenciales, como el lenguaje natural, para tareas como la traducción y el resumen de texto. Sin embargo, a diferencia de los RNN, los transformadores no necesariamente procesan los datos en orden. Más bien, el mecanismo de atención proporciona contexto para cualquier posición en la secuencia de entrada. Por ejemplo, si los datos de entrada son una oración en lenguaje natural, el transformador no necesita procesar el comienzo de la oración antes del final. Por el contrario, identifica el contexto que confiere significado a cada palabra en la oración. Esta característica permite una mayor paralelización que los RNN y, por lo tanto, reduce los tiempos de entrenamiento. Tal y como explican Vaswani et al. (2017), el modelo de transformador se basa únicamente en el uso de la auto-atención, donde la representación de una secuencia (u oración) se calcula relacionando diferentes palabras en la misma secuencia.

características de la TAN especificadas en la definición que estos autores incluyen en su artículo. Zhang y Zong (2020, p. 2019) definen la TAN como:

> Neural machine translation is an end-to-end model following an encoder-decoder framework that usually includes two neural networks for encoder and decoder respectively. [...] the encoder network first maps each input token of the source-language sentence into a low-dimensional real-valued vector (aka word embedding) and then encodes the sequence of vectors into distributed semantic representations, from which the decoder network generates the target language sentence token by token 1 from left to right. (Zhang y Zong, 2020, p. 2019).

El primer problema o área de mejora con el que nos encontramos es que los datos de entrada son oraciones y no párrafos o documentos enteros y esto hace que a menudo falte contexto para poder interpretar el sentido oportuno de un término, ser consistente en el uso de la terminología y poder garantizar que la traducción cumpla con las características de un texto como mantener la cohesión y la coherencia. El segundo, el hecho de que la descodificación sea de izquierda a derecha y no autoregresiva, lo que impide poder utilizar información contextual posterior. En tercer lugar, en el mundo existen alrededor de 7 000 lenguas y, sin embargo, únicamente disponemos de una cantidad abundante de bitextos en unos cuantos pares de lenguas y para determinados dominios. Por último, habida cuenta de que en la TAN los objetos de procesamiento son elementos meramente lingüísticos (*tokens*, palabras u oraciones), cualquier otro contexto extralingüístico que serviría de guía al lector/traductor humano sobre cómo interpretar el material lingüístico, pasaría inadvertido al motor de traducción.

Los dos primeros escollos por superar, la segmentación excesiva del texto y la unidireccionalidad privan al motor de contexto anterior y posterior para la toma de decisiones. Esto, además de las consecuencias que apuntábamos en el párrafo anterior, está estrechamente relacionado con las reflexiones que hace Nord (1998, p. 68) en las que afirma que todos los enfoques de la traductología conciben la unidad de traducción como: "un segmento lineal del texto localizado en un determinado nivel lingüístico (morfema, palabra, sintagma, oración, texto), dejando variable su tamaño, que puede depender del género textual, de la función global del texto, de las capacidades hermenéuticas del traductor y de otros criterios más."

Contrariamente a esta concepción lineal u horizontal en que, en palabras de Nord (1998, p. 68), se segmenta "el texto según su cronología secuencial", esta académica funcionalista propone unidades de traducción verticales, no secuenciales, y explica su concepción de las unidades de traducción de la siguiente manera: "Es como si al mirar el texto a vista de pájaro descubriéramos cadenas o incluso redes de relaciones entre los diferentes elementos lingüísticos que tienen la misma función comunicativa".

La principal ventaja de la concepción vertical de Nord (1998) es que permite detectar rasgos identificadores de una función o subfunción comunicativa, por ejemplo, la ironía o el humor, que se hallen distribuidos por todo el TO (a nivel léxico, sintáctico, macrotextual, etc.) y trasladarlos en igual o mayor o menor número, y en el mismo lugar del TM u otro, para crear un efecto similar.

El tercero de los retos radica en el hecho de que para la TA basada en corpus, ya sea TAE o TAN, se necesita una cantidad enorme de pares (cientos de miles o millones) de segmentos formados por una oración del TO y su traducción para entrenar al sistema. En el caso de muchas lenguas minoritarias esto no es factible. En palabras de Forcada (2020, p. 9):

> As is often the case when it comes to many minor languages, and despite the efforts of initiatives like OPUS […], obtaining and preparing enough parallel texts with paired sentences (with word counts in the hundreds of thousands or millions) to yield reasonable results through statistical or neural CBMT may still be impractical. (Forcada, 2020, p. 9):

Existen básicamente dos tipos de TA, la basada en reglas, que prevaleció desde los inicios de estas tecnologías hace aproximadamente 50 años, hasta principios de los años 90, en que irrumpió la TA basada en corpus, en primer lugar en forma de TAE y posteriormente, desde 2016, de TAN. El primer modelo, tal y como lo definen Sánchez y Rico (2020, p. 11) "integra conocimiento lingüístico y emplea técnicas de transferencia morfológica, sintáctica y semántica para realizar la traducción.". En el segundo se crean memorias de traducción basadas en corpus alineando miles o incluso millones de oraciones en un idioma con su traducción.

Tal y como afirma Forcada (2020, p. 7):

> Rule-based machine translation systems require a hefty amount of linguistic and translation work and take more time to build, since the linguistic data (rules and dictionaries) must be explicitly coded so that the systems can use them. By contrast, corpus-based systems generally take less time to build, although this only holds true if available corpora provide a large enough volume of sentence-aligned translated texts. As such, the latter form of machine translation can be difficult to apply to minor languages with few digitalized corpora. (Forcada, 2020, p. 7).

Es por este motivo que Forcada (2020, p. 9) propone que, en el caso de lenguas minoritarias, usuarios expertos de estas lenguas adquieran las destrezas necesarias para codificar su conocimiento en diccionarios y reglas como las que necesita el sistema de TA basada en reglas. Así mismo, sugiere que estos recursos se pongan a disposición de los usuarios mediante software libre, de manera que la comunidad lingüística no sólo se beneficie de ellos, sino que pueda mejorarlos. En sus propias palabras, Forcada (2020, p. 9) argumenta:

> These resources (rules, dictionaries) can be free, like Apertium's, in the same way that software can be free [...]. This will enhance the effect of the resulting matching translation system on the status of the minor language in question, since the linguistic community will not only be able to access and use it, but also improve upon and disseminate the language resources it is based on. (Forcada, 2020, p. 9)

A pesar de que en el caso de lenguas minoritarias la TA es crucial en muchos casos para garantizar su presencia en la red y con ello su supervivencia en la era digital, existen importantes retos por superar para poder implementar este sistema. El propio Forcada (2020, p. 9-11) señala, entre otros, los siguientes: posible escasez de conocimiento lingüístico codificado, falta de financiación, o carencia de un estándar escrito.

El cuarto problema por resolver al que aludían Zhang y Zong (2020) está relacionado con el hecho de que la comunicación humana no se basa en un único sistema semiótico, el lenguaje verbal, sino que en ella intervienen otros sistemas no verbales que pueden completar los mensajes, indicarnos que debemos dar un giro de 360° e interpretarlos al contrario de como cabría esperar si nos atuviésemos al material lingüístico (marcadores de ironía), o incluso en ocasiones el mensaje se transmite exclusivamente mediante los sistemas no verbales.

Esto resulta muy sencillo de ejemplificar en el caso de lo que se ha llamado traducción de habla, evitando el término interpretación, precisamente por ser conscientes los autores de que la labor de un intérprete no se reduce a la descodificación y recodificación del material lingüístico, sino que el profesional humano obtiene información por otros medios, principalmente el visual (expresión facial de los interlocutores, postura y gestualidad, gráficos, imágenes).

No obstante, la falta de multimodalidad en los sistemas actuales no es únicamente relevante en el caso de discursos orales, en los que la información que se transmite a través de la proxémica, la quinésica o el paralenguaje se pierde por completo, sino que también afecta a algunos textos escritos. Pensemos, por ejemplo, en los artículos periodísticos, que muy a menudo vienen acompañados de una fotografía. Este material gráfico puede interactuar con el texto al que acompaña de diferentes maneras: relación directa (completa el mensaje o lo reitera reforzándolo al transmitir visualmente lo mismo que comunican las palabras), relación indirecta (existe una contradicción entre imagen y texto) o no guardar relación.

2 El papel de la TA en la enseñanza de la lengua extranjera

Aunque muchos docentes de lenguas extranjeras se quejan del mal uso que hacen los estudiantes de la TA y, a pesar de que el empleo de estas herramientas se prohíbe explícitamente en los programas de la mayoría de asignaturas de lengua extranjera por considerarse una conducta poco ética que interfiere con el proceso de aprendizaje (Clifford, Munné y Merschel, 2013; Carré, Kenny, Rossi, Sánchez-Gijón y Torres-Hostench, 2022), su uso extendido entre el alumnado es ya una realidad y parece un enfoque más realista integrarla en la docencia, explicando a los alumnos su funcionamiento, utilidad, inconvenientes y limitaciones, que prohibir su uso, que la hace todavía más atractiva a sus ojos.

Esta frustración por parte de los docentes no se queda en lo anecdótico, sino que ha sido reflejada en numerosas encuestas como la realizada por Faber y Turrero (2020) en la que se evidencia que, si bien la mayor parte de los profesores no permite el uso de TA o disuade a los alumnos del mismo, la gran mayoría de los docentes cree que los estudiantes sí la utilizan, tanto en sus tareas de clase como en los deberes en casa. Numerosos son los estudios que ponen de relieve esta discordancia entre la percepción de la TA por parte de los discentes y la de los docentes. Faber y Turrero (2020, s.p.) argumentan:

> Online translators (OT) such as Google Translate are constantly increasing in their accessibility and accuracy, two very enticing qualities for language learners who seem to be drawn to them like a moth to a flame. Language instructors, on the other hand, tend to balk at the idea of allowing students to use OT in their course work. This disconnect between instructor and student perceptions of OT use has been a source of frustration among the former population and confusion among the latter.

Tal y como abogan Clifford et al. (2013, p. 116) estableciendo una comparación con lo que sucedió en su momento con la introducción de la calculadora en clase de matemáticas: "The prevalence of the calculator could not be denied, and therefore, educators had to create best practices that integrated this new tool into the learning process—this is what needs to be done within second language acquisition in regards to MT".

A pesar de que ningún profesor de física o dibujo técnico se negaría a que sus estudiantes utilicen la calculadora, no es cierto, como se auguraba cuando se introdujo el uso de la calculadora en su día, que los estudiantes de hoy no sepan sumar, restar y realizar las operaciones básicas manualmente; la calculadora solo agiliza el proceso.

Todos los que nos dedicamos a la enseñanza de lenguas extranjeras hemos observado en los últimos años que en las tareas de expresión escrita que los estudiantes realizan sin supervisión del profesor gran parte de los mismos utilizan DeepL, Google Translate o algún otro motor de TA gratuito a su disposición. Esta "trampa" se hace evidente para los docentes al constatar que un alumno con un nivel A1 del Marco de referencia europeo para las lenguas hace gala en sus redacciones del uso de estructuras y vocabulario propio de un nivel muy superior y al detectar errores propios de un motor de TA cuyo producto no se ha sometido a un proceso de PE adecuado.

Por un lado, resumiendo el sentir general de los detractores del uso de TA por parte de los estudiantes de lenguas extranjeras, Carré et al. (2022, p. 187) recogen: "[...] it can encourage plagiarism, promote errors or deflect learners from what they should be doing."

Por otro lado, la utilidad de la traducción, no ya TA sino humana en este caso, para el aprendizaje de lenguas extranjeras y la conveniencia de su inclusión en los programas de estas asignaturas viene siendo objeto de debate desde hace ya muchos años. El método gramática-traducción, que inicialmente estaba pensado para el estudio de lenguas clásicas, latín y griego principalmente, es un enfoque centrado en el plano escrito y es esencialmente deductivo, ya que en primer lugar se enseña la teoría, gramática, morfología y vocabulario, para posteriormente ponerla en práctica mediante ejercicios de traducción.

Los principales detractores de la inclusión de la traducción en los programas de enseñanza de lenguas extranjeras esgrimen que el método gramática-traducción no tiene como objetivo la comunicación, que es el fin último con el que se suelen estudiar las lenguas, con muy pocas excepciones.

No obstante, es cierto que desde que empezó a emplearse este método, ya a partir del siglo XVIII, hasta nuestros días, este ha cambiado en gran medida impulsado por los avances en la traductología. Entre otras cosas, porque no es lo mismo traducir oraciones descontextualizadas que textos enteros. En palabras de Carré et al. (2022, p. 188):

> The much criticized grammar-translation method, in which learners were asked to learn vocabulary and grammar rules before translating sentences out of context, is generally rejected as a narrow pedagogical use of translation, but this rejection is itself based on a very narrow understanding of translation. (Carré et al. 2022, p. 188)

Este método se ha beneficiado en gran medida de la nueva visión de la traductología y las nuevas concepciones de unidad de traducción. Actualmente estamos siendo testigos de un interés renovado por el papel de la traducción en las clases de lengua extranjera. Pintado (2018, p. 13) señala como beneficios de esta metodología la mejora en las competencias plurilingües, pluriculturales y comunicativa. Así mismo, señala que permite alcanzar una mejor competencia escrita y los alumnos utilizan la lengua de forma más consciente, desarrollando su capacidad de razonamiento crítico.

Esta capacidad de razonamiento crítico que constituye uno de los argumentos principales para abogar por la inclusión de la traducción en los programas de las asignaturas de lengua extranjera, también lo es para el uso de la TA. En palabras de Clifford et al. (2013, p. 116):

> Students perceive MT to be helpful in their language learning, especially acquisition of vocabulary, but are conscious that MT produces errors. To this last point, it is encouraging that students are critically assessing the output of the MT tool. This is a skill that should be fostered as a part of our instruction in best practices. We want our students to question linguistic constructions and to monitor cultural competency and if the MT tool provides yet another venue through which we may develop these critical skills, is it not advantageous to integrate this tool into our discussions rather than to prohibit it as taboo? (Clifford et al., 2013, p. 116)

No obstante, para ser capaces de desarrollar este razonamiento crítico, tal y como sostienen también Carré, Kenny, Rossi, Sánchez-Gijón y Torres-Hostench (2022, p. 193), los discentes han de tener un nivel avanzado de la lengua extranjera y ciertos conocimientos sobre cómo funcionan los sistemas de TA, lo que se ha venido llamando *alfabetización en TA*. Nosotros vamos un paso más allá y consideramos que, para que los alumnos puedan reflexionar sobre las soluciones aportadas por la máquina y evaluarlas, mejorarlas o adoptarlas deben tener, además de los anteriores, conocimientos sobre metalenguaje.

Diferentes grupos de discentes estudian lenguas extranjeras con fines distintos, meramente comunicativos, como puede ser el caso de la lengua específica de los negocios, o como objeto principal de su estudio, como ocurre con los traductores y filólogos. En el caso de este último grupo sí nos parece que evaluar los resultados de los motores de TA les puede ayudar a tomar mayor conciencia de su uso de la lengua, desarrollar su capacidad de razonamiento lógico y mejorar su estilo. En los demás grupos, carentes de los conocimientos metalingüísticos necesarios, somos más escépticos.

Un buen ejercicio para los estudiantes de los últimos cursos de traducción podría ser convertir las oraciones del TO en lenguaje controlado, es decir, preeditar el texto para que represente el menor reto posible para el motor de TA y reducir así la probabilidad de error. Este ejercicio presupone un nivel avanzado tanto de la lengua origen como de la LM, ciertas nociones de cómo funcionan los motores de TA, sólidos conocimientos de traducción, metalingüística y lingüística comparada y grandes dosis de sentido común y capacidad de razonamiento lógico y crítico, todos ellos necesarios en un alumno que en breve va a recibir el título de traductor o filólogo.

Por último, estas ventajas que los docentes señalamos que los sistemas de TA pueden tener en el aula de lenguas extranjeras no coinciden con los usos a los que los discentes mayoritariamente destinan estas herramientas. Según Clifford et al. (2013, p. 112) los estudiantes utilizan los sistemas de TA principalmente como diccionarios para buscar palabras sueltas, sin tener en cuenta que precisamente para este fin no son las herramientas más eficientes de entre las disponibles gratuitamente en Internet, ya que su precisión aumenta conforme se incrementa la información contextual.

Esto no hace sino poner de manifiesto de nuevo la necesidad de incluir en los programas de lenguas extranjeras instrucción básica sobre los recursos digitales existentes para la traducción y la adquisición de las mismas, de manera que los discentes puedan escoger con criterio en qué situación les conviene más utilizar un diccionario online, corpus de textos paralelos, o un sistema de TA (Carré et al. 2022).

3 Conclusiones

En la sociedad de la información actual la demanda de traducciones es tal y crece a un ritmo tan grande que no puede darse respuesta a ella sin aunar fuerzas entre la TH y la TA. Aunque la calidad de los motores de traducción ha mejorado mucho y todo apunta a que seguirá perfeccionándose en el futuro, todavía hay tipos de textos que, ya sea por la creatividad que implican o por el grado de riesgo que los posibles errores de traducción representan para los diferentes agentes implicados en el proceso de la traducción, no pueden dejarse únicamente en manos de la máquina.

Es una máxima generalmente aceptada que cuanto menos creativo, más estandarizado y repetitivo sea un texto más idóneo es para traducirlo mediante sistemas de TA, pero incluso en este caso hemos de proceder con cautela porque, por ejemplo, con frecuencia para expresar advertencias o prohibiciones se recurre a fórmulas sencillas y restrictivas que favorecen la comprensión por parte del receptor, pero en este caso el nivel de riesgo que representarían los posibles errores de traducción desaconsejaría el uso de los motores de TA.

En este contexto nace la figura del poseditor, cuya labor inicialmente, cuando se estudiaba más la TA como producto que como proceso, se limitaba a revisar la traducción generada por el motor, corregirla y ajustarla al nivel de calidad exigido por el cliente. En la actualidad, diversos académicos proponen analizar la TA como proceso y no como producto y determinar cómo interactúan los diferentes actores humanos implicados en él (cliente, gestor de proyectos y poseditor) con los sistemas de TA en las diferentes fases.

En este sentido, los estudios que se están realizando en la actualidad resultan muy útiles para determinar las capacidades que deben reunir los poseditores. Existe amplio consenso en que los profesionales más idóneos para asumir las tareas de los poseditores son los traductores, ya que comparten con ellos gran parte de las competencias necesarias, pero hay algunas más, como los conocimientos sobre el funcionamiento de los diferentes tipos de sistemas de TA y práctica en PE que deberían incluirse en los planes de estudios con el fin de que los egresados logren la competencia tecnológica necesaria para dar respuesta a las necesidades del mercado.

El conocimiento sobre TA de los poseditores no puede limitarse a unas nociones a nivel usuario, sino que deben tener una comprensión profunda del funcionamiento de los diferentes sistemas de TA que les permita, entre otras cosas, realizar un análisis de riesgos, valorar la idoneidad de utilizar TA para un proyecto concreto, calcular el esfuerzo de posedición y de este modo, establecer plazos y tarifas razonables, anticiparse a los errores más frecuentes de cada uno de los tipos de sistemas de TA, en gran parte relacionados con su arquitectura y valorar la calidad de los materiales seleccionados para entrenarlos.

Otro debate muy vigente en la actualidad es la conveniencia de limitar o incluso eliminar el acceso de los poseditores al TO con el fin de maximizar la productividad. Esto representa un riesgo sobre todo en el caso de TAN en que la fluidez y naturalidad alcanzada por los TM esconde en ocasiones faltas de equivalencia con el original. Los cambios de sentido con respecto al TO ya no vienen anticipados como ocurría con los sistemas anteriores por errores gramaticales o estilísticos, por lo que resultarían muy difíciles o incluso imposibles de detectar por parte del poseditor.

A pesar de que los motores de TA han alcanzado un gran nivel de desarrollo y perfeccionamiento que ha permitido su implementación a gran escala, todavía existen áreas de mejora. Además de seguir trabajando en el desarrollo de arquitecturas más potentes, deben encontrarse soluciones para los cuatro principales escollos con los que la TA se topa en la actualidad: la fragmentación del TO en oraciones, la unidireccionalidad de la traducción, la carencia de suficientes bitextos en el caso de lenguas minoritarias y la falta de multimodalidad.

En lo referente al uso de los sistemas de TA en el aula de lenguas extranjeras, compartimos la idea de numerosos académicos que sostienen que el uso de los sistemas de TA está tan extendido entre los estudiantes que, más que reprobarlo, conviene adoptar un enfoque más realista y pragmático y explicar a los alumnos su funcionamiento, utilidad y limitaciones. Si los discentes estuvieran mínimamente familiarizados con su funcionamiento, así como el de otras herramientas al servicio de los traductores y los estudiantes de lenguas extranjeras, no los utilizarían como diccionarios para buscar términos aislados, que es uno de los usos más generalizados, porque serían conscientes que las herramientas de TA funcionan mejor cuanto más contexto tienen y de que existen otras herramientas como los diccionarios online o los corpus de textos paralelos que son más útiles para este fin.

Una de las ventajas que los defensores de los motores de TA en las clases de lenguas extranjeras atribuyen a los sistemas de TA es el desarrollo de la capacidad de razonamiento crítico al valorar los discentes los resultados arrojados por los motores de TA. En este punto únicamente estamos de acuerdo en el caso de alumnos de los grados de traducción o filología porque esta valoración del producto de TA requiere un conocimiento avanzado de ambas lenguas, alfabetización en TA y conocimientos de metalenguaje, y excepto los alumnos de estos dos grados, al resto no se le pueden presuponer estos conocimientos, ya que estudian las lenguas con fines meramente comunicativos en un ámbito específico.

Bibliografía

Abaitua, J. (20 de octubre de 2022). *La traducción automática: presente y futuro.* https://paginaspersonales.deusto.es/abaitua/konzeptu/ta/ta97.htm

Carré A., Kenny D., Rossi C., Sanchez-Gijón, P. y Torres-Hostensch, O. (2022). Machine translation for language learners. En D. Kenny (Ed.), *Machine translation for everyone* (pp. 187-207). Language Science Press.

Clifford J., Munné J. y Merschel L. (2013). Surveying the Landscape: What is the Role of Machine Translation in Language Learning? *Monograph: The Acquisition of Second Languages and Innovative Pedagogies. Revista d'innovació educativa Universitat de València,* 10,108-121. https://doi.org/10.7203/attic.10.2228

Comisión Europea, Dirección General de Traducción. (2022). European Language Industry Survey 2022 (ELIS 2022). https://ec.europa.eu/info/sites/default/files/about_the_european_commission/service_standards_and_principles/documents/elis2022-report.pdf

Faber, A. y Turrero-García, M. (10 de marzo de 2020). Online Translators as Pedagogical Tool. *FLTMAG IALLT's free language technology magazine.* https://fltmag.com/online-translators-as-a-pedagogical-tool

Forcada, M. (2020). Building Machine Translation Systems for Minor Languages: Challenges and Effects. *Revista de llengua i dret,* 73, 1-20. http://dx.doi.org/10.2436/rld.i73.2020.3404

Forti, M. (2021). La traducción y la máquina. *Puntoycoma. Boletín de los traductores españoles de las instituciones de la Unión Europea,* 170, 13-15

Kay, M. (1997). The Proper Place of Men and Machines in Language Translation. *Machine Translation, 12*(1/2), 3-23.

Moorkens, J. (2022). Ethics and machine translation. En D. Kenny (Ed.), *Machine translation for everyone* (pp. 121-140). Language Science Press.

Murray, H. (1966). *Methods for satisfying the needs of the scientists and the engineer for scientific and technical information* [Informe n° RSIC-510]. Redstone Scientific Information Center Redstone Arsenal AL. https://apps.dtic.mil/sti/pdfs/AD0627845.pdf

Nitzke, J., Hansen-Schirra, S. y Canfora, C. (2019). Risk management and post-editing competence. *JoSTrans: The Journal of Specialised Translation,* 31, 239-259.

Nitzke, J. y Hansen-Schirra S. (2021). *A short guide to post-editing.* Language Science Press.

Nord, C. (1998). La unidad de traducción en el enfoque funcionalista. *Quaderns. Revista de traducció,* 1, 65-77.

Pintado, L. (2018). Translation in language teaching, pedagogical translation and code-switching: restructuring the boundaries. *The Language Learning Journal*, *49*(2), 1-21. https://doi.org/10.1080/09571736.2018.1534260

Rico, C. y Torrejón, E. (2012). Skills and Profile of the New Role of the Translator as Post-editor. *Revista Tradumàtica. Tecnologies de la traducció*, 10, 166-178. https://doi.org/10.5565/rev/tradumatica.18

Rico, C. (2017). La formación de traductores en Traducción automática. *Revista Tradumàtica. Tecnologies de la traducció*, 15, 75-96. https://doi.org/10.5565/rev/tradumatica.200

Sánchez, M. y Rico, C. (2020) *Traducción Automática. Conceptos clave, procesos de evaluación y técnicas de posedición*. Comares.

Ustaszewski, M. (2019). Exploring Adequacy Errors in Neural Machine Translation with the Help of Cross-Language Aligned Embeddings. En I. Temnikova, C. Orasan, G. Corpas Pastor, y R. Mitkov (Eds.), *Proceedings of the 2nd Workshop on Human-Informed Translation and Interpreting Technology (HiT-IT 2019)*, (pp. 122-128). Varna, Bulgaria.

Vaswani, A., Shazeer, N., Parmar N., Uszkoreit, J., Jones, L., Gómez, A., Kaiser, L. y Polosukhin, I. (2017). Attention is all you need. En I. Guyon, U. Von Luxburg, S. Bengio, H. Wallach, R. Fergus, S. Vishwanathan y R. Garnett (Eds.), *Advances in Neural Information Processing Systems: Neural Information Processing Systems, Annual Conference* (*NIPS 2017*) (pp. 5998-6008). https://doi.org/10.48550/arXiv.1706.0376

Zhang J. y Zong C. (2020). Neural machine translation: Challenges, progress and future. *Science China. Technological Sciences. Special Topic: Natural Language Processing Technologies Review*, *63*(10), 2028-2050. https://doi.org/10.1007/s11431-020-1632-x

Studien zur romanischen Sprachwissenschaft und interkulturellen Kommunikation

Herausgegeben von Gerd Wotjak, José Juan Batista Rodríguez und Dolores García-Padrón

Die vollständige Liste der in der Reihe erschienenen Bände finden Sie auf unserer Website
https://www.peterlang.com/view/serial/SRSIK

Band 110 Joaquín García Palacios / Goedele De Sterck / Daniel Linder / Nava Maroto / Miguel Sánchez Ibáñez / Jesús Torres del Rey (eds): La neología en las lenguas románicas. Recursos, estrategias y nuevas orientaciones. 2016.

Band 111 André Horak: Le langage fleuri. Histoire et analyse linguistique de l'euphémisme. 2017.

Band 112 María José Domínguez Vázquez / Ulrich Engel / Gemma Paredes Suárez: Neue Wege zur Verbvalenz I. Theoretische und methodologische Grundlagen. 2017.

Band 113 María José Domínguez Vázquez / Ulrich Engel / Gemma Paredes Suárez: Neue Wege zur Verbvalenz II. Deutsch-spanisches Valenzlexikon. 2017.

Band 114 Ana Díaz Galán / Marcial Morera (eds.): Estudios en Memoria de Franz Bopp y Ferdinand de Saussure. 2017.

Band 115 Mª José Domínguez Vázquez / Mª Teresa Sanmarco Bande (ed.): Lexicografía y didáctica. Diccionarios y otros recursos lexicográficos en el aula. 2017.

Band 116 Joan Torruella Casañas: Lingüística de corpus: génesis y bases metodológicas de los corpus (históricos) para la investigación en lingüística. 2017.

Band 117 Pedro Pablo Devís Márquez: Comparativas de desigualdad con la preposición de en español. Comparación y pseudocomparación. 2017.

Band 118 María Cecilia Ainciburu (ed.): La adquisición del sistema verbal del español. Datos empíricos del proceso de aprendizaje del español como lengua extranjera. 2017.

Band 119 Cristina Villalba Ibáñez: Actividades de imagen, atenuación e impersonalidad. Un estudio a partir de juicios orales españoles. 2017.

Band 120 Josefa Dorta (ed.): La entonación declarativa e interrogativa en cinco zonas fronterizas del español. Canarias, Cuba, Venezuela, Colombia y San Antonio de Texas. 2017.

Band 121 Celayeta, Nekane / Olza, Inés / Pérez-Salazar, Carmela (eds.): Semántica, léxico y fraseología. 2018.

Band 122 Alberto Domínguez Martínez: Morfología. Procesos Psicológicos y Evaluación. 2018.

Band 123 Lobato Patricio, Julia / Granados Navarro, Adrián: La traducción jurada de certificados de registro civil. Manual para el Traductor-Intérprete Jurado. 2018.

Band 124 Hernández Socas, Elia / Batista Rodríguez, José Juan / Sinner, Carsten (eds.): Clases y categorías lingüísticas en contraste. Español y otras lenguas. 2018.

Band 125 Miguel Ángel García Peinado / Ignacio Ahumada Lara (eds.): Traducción literaria y discursos traductológicos especializados. 2018.

Band 126 Emma García Sanz: El aspecto verbal en el aula de español como lengua extranjera. Hacia una didáctica de las perífrasis verbales. 2018.

Band 127 Miriam Seghiri. La linguística de corpus aplicada al desarrollo de la competencia tecnológica en los estudios de traducción e interpretación y la enseñanza de segundas lenguas. 2020.

Band 128 Pino Valero Cuadra / Analía Cuadrado Rey / Paola Carrión González (eds.): Nuevas tendencias en traducción: Fraseología, Interpretación, TAV y sus didácticas. 2018.

Band 129 María Jesús Barros García: Cortesía valorizadora. Uso en la conversación informal española. 2018.

Band 130 Alexandra Marti / Montserrat Planelles Iváñez / Elena Sandakova (éds.): Langues, cultures et gastronomie : communication interculturelle et contrastes / Lenguas, culturas y gastronomía: comunicación intercultural y contrastes. 2018.

Band 131 Santiago Del Rey Quesada / Florencio del Barrio de la Rosa / Jaime González Gómez (eds.): Lenguas en contacto, ayer y hoy: Traducción y variación desde una perspectiva filológica. 2018.

Band 132 José Juan Batista Rodríguez / Carsten Sinner / Gerd Wotjak (Hrsg.): La Escuela traductológica de Leipzig. Continuación y recepción. 2019.

Band 133 Carlos Alberto Crida Álvarez / Arianna Alessandro (eds.): Innovación en fraseodidáctica. tendencias, enfoques y perspectivas. 2019.

Band 134 Eleni Leontaridi: Plurifuncionalidad modotemporal en español y griego moderno. 2019.

Band 135 Ana Díaz-Galán / Marcial Morera (eds.): Nuevos estudios de lingüística moderna. 2019.

Band 136 Jorge Soto Almela: La traducción de la cultura en el sector turístico. Una cuestión de aceptabilidad. 2019.

Band 137 Xoán Montero Domínguez (ed.): Intérpretes de cine. Análisis del papel mediador en la ficción audiovisual. 2019.

Band 138 María Teresa Ortego Antón: La terminología del sector agroalimentario (español-inglés) en los estudios contrastivos y de traducción especializada basados en corpus: los embutidos. 2019.

Band 139 Sara Quintero Ramírez: Lenguaje creativo en el discurso periodístico deportivo. Estudio contrastivo en español, francés e inglés. 2019.

Band 140 Laura Parrilla Gómez: La interpretación en el contexto sanitario: aspectos metodológicos y análisis de interacción del intérprete con el usuario. 2019.

Band 141 Yeray González Plasencia: Comunicación intercultural en la enseñanza de lenguas extranjeras. 2019.

Band 142 José Yuste Frías / Xoán Manuel Garrido Vilariño (Hrsg.): Traducción y Paratraducción. Líneas de investigación. 2020.

Band 143 María del Mar Sánchez Ramos: Documentación digital y léxico en la traducción e interpretación en los servicios públicos (TISP): fundamentos teóricos y prácticos. 2020.

Band 144 Florentina Mena Martínez / Carola Strohschen: Teaching and Learning Phraseology in the XXI Century. Phraseologie Lehren und Lernen im 21. Jahrhundert. Challenges for Phraseodidactics and Phraseotranslation. Herausforderungen für Phraseodidaktik und Phraseoübersetzung. 2020.

Band 145 Yuko Morimoto / Rafael García Pérez: De la oración al discurso: estudios en español y estudios contrastivos. 2020.

Band 146 Miguel Ibáñez Rodríguez: ENOTRADULENGUA. Vino, lengua y traducción. 2020.

Band 147 Miguel Ángel García Peinado / José Manuel González Calvo: Estudios de literatura y traducción. 2020.

Band 148 Fernando López García: La involuntariedad en español. 2020.

Band 149 Julián Sancha Vázquez: La injerencia del sexo en el lenguaje. Dos siglos de historia del género gramatical en español. 2020.

Band 150 Joseph García Rodríguez: La fraseología del español y el catalán. Semántica cognitiva, simbolismo y contrastividad. 2020.

Band 151 Melania Cabezas-García: Los términos compuestos desde la Terminología y la Traducción. 2020.

Band 152 Inmaculada Clotilde Santos Díaz: El léxico bilingüe del futuro profesorado. Análisis y pautas para estudios de disponibilidad léxica. 2020.

Band 153 Alfonso Corbacho: Nuevas reflexiones sobre la fraseología del insulto. 2020.

Band 154 Míriam Buendía Castro: Verb Collocations in Dictionaries and Corpus: an Integrated Approach for Translation Purposes. 2020.

Band 155 Guiomar Topf Monge: Traducir el género. Aproximación feminista a las traducciones españolas de obras de Annemarie Schwarzenbach. 2020.

Band 156 Miriam Seghiri / Lorena Arce-Romeral: La traducción de contratos de compraventa inmobiliaria: un estudio basado en corpus aplicado a España e Irlanda. 2021.

Band 157 Emmanuel Bourgoin Vergondy / Ramón Méndez González (eds.): Traducción y paratraducción: lineas de investigación II. 2021.

Band 158 Clara Inés López Rodríguez / Beatriz Sánchez Cárdenas: Theory and Digital Resources for the English-Spanish Medical Translation Industry. 2021.

Band 159 Alicia Mariscal: Categorización de los errores ortográficos en zonas de contacto lingüístico entre inglés y español. 2021.

Band 160 Esther Linares Bernabéu: Gender and Identity in Humorous Discourse Genero e identidad en el discurso humorístico. 2021.

Band 161 Matteo De Beni / Dunia Hourani-Martín (eds.): Corpus y estudio diacrónico del discurso especializado en español. 2021.

Band 162 María Clara von Essen: Identidad y contacto de variedades. La acomodación lingüística de los inmigrantes rioplatenses en Málaga. 2021.

Band 163 Juana Luisa Herrera Santana / Ana Díaz-Galán: Aportaciones al estudio de las lenguas. Perspectivas teóricas y aplicadas. 2021.

Band 164 Juan M. Carrasco González: Dialectología fronteriza de Extremadura. Descripción e historia de las variedades lingüísticas en la frontera extremeña. 2021.

Band 165 Álvaro Molina García: Fundamentos acústico-perceptivos de la escisión prestigiosa de /θ/. Estudio sociofonético en Málaga. 2021.

Band 166 Pau Bertomeu Pi: Peticiones en alemán y español. Un estudio contrastivo a partir de "Gran Hermano". 2022.

Band 167 Teresa Ortego Antón: La investigación en tecnologías de la traducción. Parámetros de la digitalización presente y la posible incidencia en el perfil de los futuros profesionales de la comunicación interlingüística. 2022.

Band 168 Jaime Sánchez Carnicer: Traducción y discapacidad. Un estudio comparado de la terminología inglés-español en la prensa escrita. 2022.

Band 169 Juan Manueal Ribes Lorenzo: Las palabras diacríticas en fraseología histórica. 2022.

Band 170 Patricia Buján Otero / Lara Domínguez Araújo (eds.): Traducción & Paratraducción III. 2022.

Band 171 Juan Cuartero Otal / Montserrat Martínez Vázquez / Regina Gutiérrez Pérez / Juan Pablo Larreta Zulategui (eds.): La interfaz Léxico-Gramática. Contrastes entre el español y las lenguas germánicas. 2022.

Band 172 Miguel Ibáñez Rodríguez: Enotradulengua. Géneros y tipos textuales en el sector del vino. 2022.

Band 173 Sara Quintero Ramírez: Estudio pragmático-textual de marcadores discursivos en crónicas audiovisuales de eventos deportivos. 2022.

Band 174 Yeray González Plasencia / Itziar Molina Sangüesa (eds.): Enfoques actuales en investigación filológica. 2022.

Band 175 Irma Mora Aguiar: De Numidia a Canarias: el viaje de la escritura líbico-bereber. 2022.

Band 176 Ferreiro-Vázquez, Óscar (ed.): Avances en las realidades traductológicas: tecnología, ocio y sociedad a través del texto y del paratexto. 2022.

Band 177 Félix Rodríguez González (ed.): Anglicismos en el español contemporáneo. Una visión panorámica. 2022.

Band 178 María del Mar Sánchez Ramos / Celia Rico Pérez (ed.): La traducción automática en contextos especializados. Una visión panorámica. 2022.

Band 179 Alicia Mariscal: Bilingüismo y contacto lingüístico en la comunidad de Gibraltar a partir del análisis contrastivo y de errores. 2022.

Band 180 María Araceli Losey León / Gloria Corpas Pastor: La terminología del dominio de la seguridad de la navegación marítima en inglés y en español. 2022.

Band 181 María del Mar Sánchez Ramos (ed.): Investigaciones recientes en traducción y accesibilidad digital. 2022.

Band 182 Encarnación Tabares Plasencia: Terminología y fraseología jurídicas en el "Libro de buen amor". 2022.

Band 183 Catalina Iliescu-Gheorghiu: Metodología de análisis traductológico. El modelo Lambert-Van Gorp y su aplicación a una revista de propaganda cultural durante la Guerra Fría. 2022.

Band 184 Amor López Jimeno: Estereotipos y pragmática intercultural en la pantalla. El humor como estrategia de aprendizaje y mediación. 2023.

Band 185 Ricardo Connett: El populismo como discurso en Venezuela y en España (1999-2018). Estudio de textos de Hugo Chávez y Pablo Iglesias. 2023.

Band 186 Elke Cases Berbel: Turismo, flujos migratorios y lengua. 2023.

Band 187 Dunia Hourani-Martín: Fraseología en el discurso jurídico-ambiental. Las construcciones verbonominales desde una perspectiva contrastiva (español-alemán). 2023.

Band 188 María del Carmen Balbuena Torezano: Identidad, territorio y lengua en torno al vino: aproximaciones desde la terminología y la traducción. 2023.

Band 189 Ferran Robles Sabater: Contextos de interpretación social en España. 2023.

Band 190 Sara Quintero Ramírez / Reynaldo Radillo Enríquez: Rasgos prosódicos en la marcación discursiva. 2023.

Band 191 Nieto García Paola: Contextos de interpretación social en España. 2023.

Band 192 Leticia Santamaría Ciordia: Nuevas tecnologías para la interpretación remota. Progresos y retos para la formación y la profesión. 2023.

Band 193 María José Serrano Montesinos / Miguel Ángel Aijón Oliva: Form and Meaning. Studies of Grammatical Variation and Communicative Choice in Spanish. 2023.

Band 194 Fernando López García: Lingüística de la ausencia. 2023.

Band 195 Carles Navarro Carrascosa: Lingüística queer hispánica. Las formas nominales de tratamiento de la comunidad de habla LGTBI. 2023.

Band 196 Félix Rodríguez González: Enciclopedia del anglicismo (Vol. II). Estudios sobre el anglicismo en el español actual perspectivas lingüísticas. 2023.

Band 197 Celia Rico Pérez: Tecnologías de la traducción en el ámbito de las migraciones. 2023.

Band 198 Rossana Sidoti: Domenico Daniele Lapedota: Nuevas aportaciones a las investigaciones en fraseología, paremiología y traducción. 2023.

Band 199 Francisco Jiménez Calderón : Los verbos ditransitivos y su enseñanza: transferencia, locación y movimiento. 2023

Band 200 Rafael García Pérez and Ariana Suárez Hernández: El adverbio: aproximaciones sincrónicas, diacrónicas y variacionales. 2023.

Band 201 Diana González Pastor (ed.): El impacto de la traducción automática en la traducción profesional en España: tendencias, retos y aspectos so-cioprofesionales. El proyecto DITAPE. 2023.

www.peterlang.com